JN105131

# 「関数的な見方・考え方」を働かせた理科授業

― 数学と理科の教科等横断的な視点から ―

## 山田　貴之

大学教育出版

# ま え が き

　平成 24 年度全国学力学習状況調査報告書（文部科学省，2012）では，数学と理科ともに量の関係に関する理解に課題があることが記され，それぞれ指導の改善や充実の必要性が述べられています。本書は，こうした課題の解決に向けて，私がこれまでに取り組んできた 3 つの研究（①「関数的な見方・考え方」を働かせた理科授業の改善に関する一考察，②理数学習の有用性に影響を及ぼす諸要因の因果モデル，③数学との教科等横断的な学習を促す理科授業の試み）をベースにまとめたものです。各研究の概要は以下の通りです。

① 中央教育審議会の理科ワーキンググループで例示された「理科の見方・考え方」を上位として，その下位により細かな視点や考え方を設定しました。さらに，中学校理科の密度，フックの法則，オームの法則等の学習は，数学と共有する「関数的な見方・考え方」を働かせて取り組ませることで教科等横断的な学習として行えることを指摘しました。

② 理科と数学に共通する「関数的な見方・考え方」を理科の授業に取り入れることで，理数学習の有用性の実感につながることを統計的に明らかにしました。

③ 中学校理科「密度」の学習において，理科教師が数学の関数の指導事項を導入し，2 つの数量の関係に着目させ，その特徴を表やグラフ，式を相互に関連付けて考察させる指導法を開発し，その効果を検討しました。

　学習内容の視点から見ると，理科におけるエネルギーや粒子を柱とする領域等では，数学と同様に量を扱います。また，実験においては，従属変数と独立変数の量的な関係をグラフ化したり，関数として文字の式で表したりします。数学と理科はともに量の関係を扱うことから，両教科に共通の「見方・考え方」として，新たに「関数的な見方・考え方」を設定しました。資質・能力の育成に向けて，「主体的・対話的で深い学び」の実現に向けた授業改善の取り

組みを活性化させる必要があり，特に量の関係を扱う授業では，深い学びの鍵
として，この「関数的な見方・考え方」を働かせることが重要ではないかと考
え，本書に一連の研究成果をまとめました。

　私の研究室に所属し，真摯に研究に取り組んだ学部・修士課程・専門職学位
課程の皆様の成果なくして，本書を世に問うことはできませんでした。心より
感謝申し上げます。

　なお，本書は「独立行政法人日本学術振興会　令和3（2021）年度科学研究
費助成事業（学術研究助成基金助成金）課題番号：21K13660」の交付を受け
て刊行するものです。

　2023年6月

編著者　山田　貴之

「関数的な見方・考え方」を働かせた理科授業

# 目　次

## 理　論　編

**第4章　理科と数学の学習の順序性が密度概念の理解に及ぼす効果**

理　論　編

# 第 1 章

# 「関数的な見方・考え方」を働かせた理科授業の改善に関する一考察
― 数学と理科の教科等横断的な視点から ―

## は じ め に

　平成24年度全国学力学習状況調査【中学校】報告書（文部科学省，2012）では，数学の課題として，「事象における2つの数量の関係には，一次関数として捉えられるものがあることの理解」が挙げられている。同報告書の理科（文部科学省，2012）では，「量的な関係についての理解」が深まるよう，指導の改善を行う必要性が述べられている。これらのことから，数学も理科もともに量の関係に関わる理解に課題があると言えよう。

　中学校学習指導要領（平成29年告示）解説総則編（文部科学省，2018a）では，資質・能力の育成に向けて，「主体的・対話的で深い学び」の実現に向けた授業改善の取り組みを活性化させる必要性のあることが記された。また，深い学びの鍵として，「見方・考え方」を働かせることが重要になることや教科等横断的な学習の充実についても記されている。各教科等の「見方・考え方」は，「『どのような視点で物事を捉え，どのような考え方で思考していくのか』というその教科等ならではの物事を捉える視点や考え方である」と記されているが（文部科学省，2018a），数学と理科はともに量の関係を扱うことから，2つの教科に共通の「見方・考え方」があると考えられる。数学と理科の教科等横断的な学習を通して，教科を学ぶ意義に気付かせたり，深い学びを実現したりして，数学と理科に共通する課題の解決を目指すには，2つの教科に共通する「見方・考え方」を明確にしておく必要があると考える。

そこで本章では，理科ワーキンググループが例示した「理科の見方・考え方」と片桐（2004）が提案する「数学の考え」とを対応させて，その整合性を検討し，2つの量の関係を見いだす際に働く，理科と数学に共通の「見方・考え方」を見いだすことを第一の目的とした。また，見いだした理科と数学に共通の「見方・考え方」が，中学校理科のエネルギーを柱とする領域，高等学校数学の微分および物理の力学の具体的な学習場面でどのように働かせられるかについて検討することを第二の目的とした。

## 第1節　育成を目指す資質・能力の3つの柱と「見方・考え方」

平成26年11月20日，文部科学大臣は，中央教育審議会に「初等中等教育における教育課程の基準等の在り方について」の審議を要請する諮問を行った。それを受けて，中央教育審議会は2年1ヶ月に及ぶ審議を行い，平成28年12月21日に「幼稚園，小学校，中学校，高等学校及び特別支援学校の学習指導要領等の改善及び必要な方策等について（答申）」を示した（中央教育審議会，2007）。中央教育審議会答申（以下，答申と表記）では，育成を目指す資質・能力の3つの柱が示された。1つ目は，「何を理解しているか，何ができるか（生きて働く『知識・技能』の習得）」である。2つ目は，「理解していること・できることをどう使うか（未知の状況にも対応できる『思考力・判断力・表現力等』の育成）」である。3つ目は，「どのように社会・世界と関わり，よりよい人生を送るか（学びを人生や社会に生かそうとする『学びに向かう力・人間性等』の涵養）」である。これら3つの柱は，各教科等において育む資質・能力，教科等を越えたすべての学習の基盤として育まれ活用される資質・能力，現代的な諸課題に対応して求められる資質・能力のすべてに共通するものであるとされている。

その上で，各教科で育成を目指す資質・能力を一層明確化するため，今回の改訂では教科の本質に根ざした「見方・考え方」が，資質・能力を育成する物事を捉える視点や考え方として全教科を通して整理された。「見方・考え方」

は，深い学びを授業の中で具現化する鍵となるものである。

　「見方・考え方」について奈須（2017）は，「教科等において特徴的に認められる『見方・考え方』は，その教科等が主に取り扱う対象に対し，現状においてもっとも適合的なものが選択され，体系化されている。この対象適合的な『見方・考え方』を働かせて個別・具体的な対象にアプローチするからこそ，それに見合った思考力・判断力・表現力や学びに向かう力・人間性等が培われ，もちろん知識や技能も，この営みの結果として自ずと習得されていく」と述べている。このことを，答申では「教科等における学習は，知識・技能のみならず，それぞれの体系に応じた思考力・判断力・表現力等や学びに向かう力・人間性等を，それぞれの教科等の文脈に応じて，内容的に関連が深く子供たちの学習対象としやすい内容事項と関連付けながら育むという，重要な役割を有している」と説明している（中央教育審議会，2007）。

　また，「見方・考え方」について理科では，平成28年5月25日開催の中央教育審議会初等中等教育分科会教育課程部会理科ワーキンググループ（第8回）において，「『科学的な見方や考え方』と『理科の見方・考え方』についての整理」が示された（図1-1：P6）。この資料では，「理科の見方・考え方」の例として，「質的・量的な関係」「時間的・空間的な関係」「原因と結果」「部分と全体」「多様性，共通性」「定性と定量」「比較，関係付け」の7つが示されている。平成28年12月21日に示された答申では，「理科の見方・考え方」について，「自然の事物・現象を，質的・量的な関係や時間的・空間的な関係などの科学的な視点で捉え，比較したり，関係付けたりするなどの科学的に探究する方法を用いて考えること（中学校の例）」と整理している（中央教育審議会，2007）。

　このまとめの文からは，「見方」は質的・量的な関係や時間的・空間的な関係等で，「考え方」は比較や関係付け等のことと読むことができるだろう。しかし，「見方」と「考え方」を厳密に定義して区別することは難しいことから，その相違や厳密な定義にこだわりすぎると，不毛の議論に足を踏み入れる懸念がある。大切なことは，資質・能力の育成に向けて，「主体的・対話的で深い学び」の実現に向けた授業改善の取り組みを活性化させることである。こ

「科学的な見方や考え方」と「理科の見方・考え方」についての整理

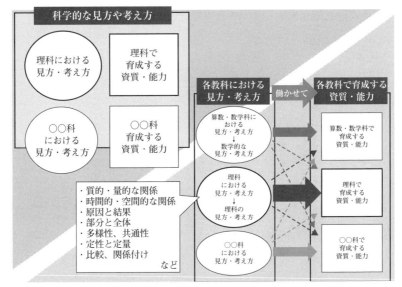

図 1-1 中央教育審議会初等中等教育分科会教育課程部会理科ワーキング
グループ（第 8 回）において示された「『科学的な見方や考え方』
と『理科の見方・考え方』についての整理」

のように考え，本章では「見方・考え方」をひとまとまりの用語として用いる
ことにする。

## 第 2 節　階層的に捉えた「理科の見方・考え方」

中学校学習指導要領（平成 29 年告示）（文部科学省，2018b）の理科の目
標は，「自然の事物・現象に関わり，理科の見方・考え方を働かせ，見通しを
もって観察，実験を行うことなどを通して，自然の事物・現象を科学的に探
究するために必要な資質・能力を次のとおり育成することを目指す」と記され
ている。中学校学習指導要領（文部科学省，2008a）では，科学的な見方や考
え方を育むことが目標の 1 つに掲げられていたのに対し，中学校学習指導要
領（平成 29 年告示）（文部科学省，2018b）では，「見方・考え方」は見通し

をもって観察，実験を行うことなどの学習における，物事を捉える視点や考え方として捉えられるようになった。「主体的・対話的で深い学び」の実現に向けた授業改善の取り組みの観点から見ると，「見方・考え方」が見通しをもって観察，実験を行う際の，物事を捉える視点や考え方として捉えられるようになった意義は極めて大きいと考える。

　理科ワーキンググループ（第8回）において例示された7つの「理科の見方・考え方」の中で，「比較」や「原因と結果」等は，生徒にも分かりやすく，学習場面で生徒に働かせられるよう指導することは，それほど困難ではないと考えられる。一方，「質的・量的な関係」のように，やや概念的な表記となっている「見方・考え方」については，何と何の関係を質的・量的に見たり考えたりするのか，その視点が分かりにくいと思われるものもある。いずれにしても，探究の過程や学習の内容に応じて，生徒が「見方・考え方」を自在に働かせられる指導を行うためには，例示された「見方・考え方」の下位に，もう少し細かな視点や考え方を設定し，「理科の見方・考え方」を階層的に捉えるようにする必要がある。そこで，「質的・量的な関係」「時間的・空間的な関係」「原因と結果」「部分と全体」「多様性，共通性」「定性と定量」「比較，関係付け」をそれぞれ上位とし，その下位にどのような「見方・考え方」を設定できるか，中学校理科で取り上げられている観察，実験等や高等学校理科の物理（力学）の学習内容を対象に検討することとした。

　以下，これら7つの「見方・考え方」をどのように捉え，その下位に何を設定したのか順に述べる（表1-1：P8）。

　「質的・量的な関係」については，事物・現象を科学的かつ問題解決的に捉えるために，質的に捉えるのか，それとも量的に捉えるのかについて考えるのが一般的であろう。事物・現象を質的に捉えるにせよ，量的に捉えるにせよ，理科の学習ではその関係性を因果関係で捉えることが大切である。事物・現象から問題を見いだす場面においては，「質的・量的な関係」や「原因と結果」等の「見方・考え方」を，ほぼ同時に働かせることになる。因果関係がありそうだと判断できれば，次は変化する従属変数を質的に捉えるのか，それとも量的に捉えるのかについて考えることになるだろう。そして，従属変数とそれに

## 表 1-1 「理科の見方・考え方」を階層的に捉えて設定した「見方・考え方」

| |
|---|
| **質的・量的な関係** |
| ・事物・現象を質的，量的のいずれで捉えられそうか |
| ・2つの変数の間に関係性がありそうか（質的な変数と質的な変数，質的な変数と量的な変数，量的な変数と量的な変数） |
| ・2つの量的な変数の関係を比や割合で捉えられそうか |
| ・2つの量的な変数を座標平面で可視化して関係性を捉えられそうか（散布図，グラフなど） |
| ・2つの量的な変数の関係は，どのような関数で表現できそうか |
| ・座標平面で分解したベクトルの量的な関係を，三角比でどのように捉えられそうか |
| ・質的・量的な関係はどのようなモデル（粒子，数式など）で説明できそうか |
| **時間的・空間的な関係** |
| ・事物・現象は時間とともにどのように変化しているか |
| ・事物・現象の変化と時間の関係をどのように捉えられ（表現でき）そうか |
| ・事物・現象はどのような空間的，幾何学的な関係として捉えられそうか（月や惑星の見え方，凸レンズによってできる像の見え方など） |
| ・時間的・空間的に変化する事物・現象は，二次元の座標平面でどのように捉えられそうか |
| ・時間的・空間的に変化する事物・現象は，三次元の座標空間でどのように捉えられそうか |
| ・時間的・空間的に変化する事物・現象は，どのようなモデル（数学的モデルを含む）で説明できそうか |
| **原因と結果** |
| ・変化する事物・現象から，変化する量として何が同定できそうか |
| ・事物・現象における変化（量）に影響を及ぼす要因（量）を見いだせそうか |
| ・事物・現象における2つの量は因果関係として捉えることができそうか |
| ・事物・現象の変化は，独立変数と従属変数の関係として，図・表・式・グラフ等を用いて捉えられそうか |
| **部分と全体** |
| ・1つのシステムとして機能している全体は，どのような機能をもった部分に分けられそうか |
| ・1つのシステムとして機能している部分は，他の部分とどのように関わり合っていそうか |
| ・1つのシステムとして捉えた事物・現象は，どのような部分同士のネットワークや階層性として捉えられそうか |
| **多様性，共通性** |
| ・事物・現象の形態的特徴・生態的特徴・物理的特徴・化学的特徴等として何が挙げられるか |
| ・多様な事物・現象の特徴に共通性は見いだせそうか |
| ・観察や実験等で得た結果や情報を帰納してどのような共通点が見いだせそうか |
| **定性と定量** |
| ・従属変数はどのようにすれば物理量として測定できるか |
| ・物理量として測定できない従属変数は，どのようにすれば数量化できるか |
| ・測定や数量化ができない従属変数の変化は，どのようにすれば定性的に調べられるか |
| ・化学的性質など定性的な特徴やその変化は，どのようにすれば調べられるか |
| **比較，関係付け** |
| ・事物・現象の比較，関係付け |
| ・従属変数と独立変数の比較，関係付け |
| ・形態的特徴や機能の比較，関係付け |
| ・生態的特徴（成長の仕方・食性・生活様式・繁殖の仕方・生息環境など）の比較，関係付け |
| ・物理的・化学的特徴（密度・融点・結晶など）の比較，関係付け |
| ・定性的特徴（堅さ・柔らかさ・手触り・におい・色など）の比較，関係付け |
| ・測定値や導出した変化の割合等の比較，関係付け |
| ・定性的特徴（堅さ・柔らかさ・手触り・におい・色など）の比較，関係付け |
| ・時間（同時刻・同時間，異なる時刻・異なる時間，時系列，同じ季節・異なる季節など）での比較，関係付け |

影響を及ぼす独立変数が，ともに量的に捉えられると判断できれば，実験の結果からどのような関係が見いだせるか，座標平面にグラフやベクトル等の幾何学的な図形として表したり，どのような文字の式で表したりできるのかについて考えることになる。また，グラフの傾きを求めたり，変化の割合（変化率）を算出したりする際には，従属変数と独立変数の数量的な関係を対応させて考える。さらに，「質的・量的な関係」をどのようなモデル（文字の式，記号，図形等の数学的モデルを含む）で説明できるかについて考えることも必要である。以上のように考え，「事物・現象を質的，量的のいずれで捉えられそうか」「2つの変数の間に関係性がありそうか（質的な変数と質的な変数，質的な変数と量的な変数，量的な変数と量的な変数）」「2つの量的な変数の関係を比や割合で捉えられそうか」「2つの量的な変数を座標平面で可視化して関係性を捉えられそうか（散布図，グラフなど）」「2つの量的な変数の関係は，どのような関数で表現できそうか」「座標平面で分解したベクトルの量的な関係を，三角比でどのように捉えられそうか」「質的・量的な関係はどのようなモデル（粒子，数式など）で説明できそうか」を下位に設定した。

　「時間的・空間的な関係」については，探究や学習の対象となるエネルギー，粒子，生命，地球の各領域の違いによって，扱う時間的・空間的なスケールが異なる。時間について見てみると，限りなく0に近い極限の時間から天文学的なスケールの時間までの幅がある。空間について見てみると，原子から銀河宇宙のスケールまでの幅がある。自然の事物・現象は三次元空間の中で，時間の経過に伴って変化していることから，事物・現象を時間的・空間的な関係として捉えることが大切である。また，生起する事物・現象を「時間的・空間的な関係」として，どのようなモデルで説明できるかについて，見たり考えたりすることも必要である。以上のように考え，「事物・現象は時間とともにどのように変化しているか」「事物・現象の変化と時間の関係をどのように捉えられ（表現でき）そうか」「事物・現象はどのような空間的，幾何学的な関係として捉えられそうか（月や惑星の見え方，凸レンズによってできる像の見え方など）」「時間的・空間的に変化する事物・現象は，二次元の座標平面でどのように捉えられそうか」「時間的・空間的に変化する事物・現象は，

三次元の座標空間でどのように捉えられそうか」「時間的・空間的に変化する事物・現象は，どのようなモデル（数学的モデルを含む）で説明できそうか」を下位に設定した。ここでは，高校教育までで獲得すべき見方・考え方の範疇として，ニュートン力学の絶対空間と絶対時間を前提にしている。

「原因と結果」は，事物・現象から問題を見いだす場面において重要な「見方・考え方」である。事物・現象に因果関係が認められそうであれば，何が変化しているのか，そして何がその原因なのかについて考えるのが一般的であろう。因果関係が認められないと判断した場合には，条件の制御を伴う実験を行うことができないため，観察による問題解決を行うことになる。以上のように考え，「変化する事物・現象から，変化する量として何が同定できそうか」「事物・現象における変化（量）に影響を及ぼす要因（量）を見いだせそうか」「事物・現象における2つの量は因果関係として捉えることができそうか」「事物・現象の変化は，独立変数と従属変数の関係として，図・表・式・グラフ等を用いて捉えられそうか」を下位に設定した。

「部分と全体」は，1つのシステムとして機能している生物の体，生態系，太陽系，機器等が，どのような部分で構成されていたり，それらがどのように有機的に関係し合って機能しているかについて，見たり考えたりする際に働く「見方・考え方」として捉えることができる。以上のように考え，「1つのシステムとして機能している全体は，どのような機能をもった部分に分けられそうか」「1つのシステムとして機能している部分は，他の部分とどのように関わり合っていそうか」「1つのシステムとして捉えた事物・現象は，どのような部分同士のネットワークや階層性として捉えられそうか」を下位に設定した。

「多様性，共通性」は，生物だけではなく物質等の事物・現象がもっている，形態的特徴・生態的特徴・物理的特徴・化学的特徴などを観察や実験で見いだし，それらの多様性の中に共通性を見いだす際の「見方・考え方」であると捉えた。以上のように考え，「事物・現象の形態的特徴・生態的特徴・物理的特徴・化学的特徴等として何が挙げられるか」「多様な事物・現象の特徴に共通性は見いだせそうか」「観察や実験等で得た結果や情報を帰納してどのような共通点が見いだせそうか」を下位に設定した。

　「定性と定量」は，問題を見いだしたり解決の方法を考えたりする際に，「質的・量的な関係」や「原因と結果」の「見方・考え方」と密接に関わりながら働くものと考えられる。科学的な問題解決に取り組む際にまず大切なことは，因果関係が認められそうかどうかを判断することであり，その際に「原因と結果」の「見方・考え方」が働く。それと同時に，その因果関係は質的な関係として捉えられるのか，それとも量的な関係として捉えられるのかを判断する「質的・量的な関係」が働く。また，因果関係から見いだした従属変数を定性的に捉えるのか，それとも定量的に捉えるのか，あるいは実験条件として独立変数を定性的に変化させるのか定量的に変化させるのかについて，「定性と定量」の「見方・考え方」を働かせることになろう。以上のように考え，「従属変数はどのようにすれば物理量として測定できるか」「物理量として測定できない従属変数は，どのようにすれば数量化できるか」「測定や数量化ができない従属変数の変化は，どのようにすれば定性的に調べられるか」「化学的性質など定性的な特徴やその変化は，どのようにすれば調べられるか」を下位に設定した。

　「比較，関係付け」は，事物・現象を観察して問題を見いだす場面や，観察した結果や測定値などについて考察する場面で働く「見方・考え方」であると捉えた。前者では，「事物・現象の比較，関係付け」と「従属変数と独立変数の比較，関係付け」を，後者では，「形態的特徴や機能の比較，関係付け」「生態的特徴（成長の仕方・食性・生活様式・繁殖の仕方・生息環境など）の比較，関係付け」「物理的・化学的特徴（密度・融点・結晶など）の比較，関係付け」「測定値や導出した変化の割合等の比較，関係付け」「定性的特徴（堅さ・柔らかさ・手触り・におい・色など）の比較，関係付け」「時間（同時刻・同時間，異なる時刻・異なる時間，時系列，同じ季節・異なる季節）での比較，関係付け」をそれぞれ下位に設定した。

　以上のように，理科ワーキンググループが「理科の見方・考え方」として例示した，「質的・量的な関係」「時間的・空間的な関係」「原因と結果」「部分と全体」「多様性，共通性」「定性と定量」「比較，関係付け」の7つをそれぞれ上位とし，その下位により細かい視点や考え方を設定した二層構造で「理科の

見方・考え方」を示すことができた。下位の「見方・考え方」は，探究の過程
や学習内容に応じて，自在に使い分けて働かせられるよう配慮して設定されて
いることから，授業改善の鍵として，より一層機能することが期待される。


## 第3節　数学と理科の教科等横断的な学習の要となる「見方・考え方」の検討

### 3−1　「数学的な見方・考え方」と「理科の見方・考え方」の説明で共通に用いられている用語

　中学校学習指導要領（平成29年告示）解説数学編（文部科学省，2018c）では，
「『数学的な見方・考え方』のうち，『数学的な見方』は，『事象を数量や図形及
びそれらの関係についての概念等に着目してその特徴や本質を捉えること』で
あると考えられる。また，『数学的な考え方』は，『目的に応じて数，式，図，
表，グラフ等を活用しつつ，論理的に考え，問題解決の過程を振り返るなどし
て既習の知識及び技能を関連付けながら，統合的・発展的に考えること』であ
ると考えられる」と記されている。中学校学習指導要領（平成29年告示）解
説理科編（文部科学省，2018d）では，「理科の見方・考え方」について，「『自
然の事物・現象を，質的・量的な関係や時間的・空間的な関係などの科学的な
視点で捉え，比較したり，関係付けたりするなどの科学的に探究する方法を用
いて考えること』と整理することができる」と記されている。数学と理科の
「見方・考え方」の説明において，共通に用いられている用語は量と関係であ
るが，特に量は，数学や理科ならではの教科の特徴を表すものであろう。

　学習内容の視点から見ると，理科においてもエネルギーや粒子を柱とする
領域等では，数学と同様に量を扱う。また，実験においては従属変数と独立変
数の量的な関係をグラフ化したり，関数として文字の式で表したりする。した
がって，数学と理科に共通の「見方・考え方」は，量に関する学習がどのよう
に扱われているかを検討することで見いだせるのではないかと考えられる。

## 3－2 算数・数学における量の扱い方

　数学と理科の教科等横断的な学習において要となる，共通の「見方・考え方」を検討するに当たり，算数・数学の領域では，量がどのように扱われるのかを見ておくことにする。

　小学校学習指導要領（平成 29 年告示）解説算数編（文部科学省，2018e）では，小学校第 1 学年から第 3 学年までは，「A　数と計算」「B　図形」「C　測定」「D　データの活用」の 4 つの領域で，第 4 学年から第 6 学年までは，「A　数と計算」「B　図形」「C　変化と関係」「D　データの活用」の 4 つの領域でそれぞれ構成されることが示されている。児童は，算数の 4 つの領域の学習を通して，以下のように量を扱うことになっている。

　　　「A　数と計算」では，「例えば，5＋□＝8，3×△＝24 のように，加法と減法，乗法と除法の関係を捉えるのに□や△を使ったり，例えば，（速さ）×（時間）＝（道のり）というように，言葉の式を使って数量やその関係を表したり式の意味を読み取ったりする力」を身に付けている（文部科学省，2018e）。
　　　「B　図形」では，第 3 学年までに「B　図形」の学習を通して，「図形として，三角形，四角形，正方形，長方形，直角三角形，二等辺三角形，正三角形，円，球について学習している。また，図形の構成要素として，直線，直角，頂点，辺，面，角，中心，半径，直径を学習している。また，長さの単位（mm，cm，m，km），かさの単位（mL，dL，L），重さの単位（g，kg）などについて理解するとともに，図形を構成したり，長さや重さなどを測定したりすることについての技能」を身に付けている（文部科学省，2018e）。
　　　「C　変化と関係」では，「比例の関係の意味や性質について理解するとともに，伴って変わる 2 つの数量やそれらの関係に着目し，変化や対応の特徴を見いだして，2 つの数量の関係を表や式，グラフを用いて考察する力」を身に付けている（文部科学省，2018e）。

　中学校数学では，上述のような小学校算数で学習した力を基礎にして，さらに学びを深めていくことになるが，関数を指導する意義について，小学校学習指導要領（平成 29 年告示）解説算数編（文部科学省，2018e）では，「自然現象や社会現象などの考察においては，考察の対象とする事象の中にある対応関係や依存，因果などの関係に着目して，それらの諸関係を的確で簡潔な形で

把握し表現することが有効である。中学校数学においても，いろいろな事象の中に潜む関係や法則を数理的に捉え，数学的に考察し表現できるようにすることをねらいとする。そのために，中学校数学では，具体的な事象の中から2つの数量を取り出し，それらの変化や対応を調べることを通して，関数関係を見いだし考察し表現する力を3年間にわたって徐々に高めていくことが大切である」と記されている。

## 3−3　理科における2つの量に関する学習において働く「見方・考え方」

　中学校理科における2つの量に関する学習として，力の大きさとばねののびの関係を調べる実験や，回路に加わる電圧と流れる電流の関係を調べる実験等が挙げられる。中学校学習指導要領（平成29年告示）（文部科学省，2018b）では，実験による探究を通して自ら規則性や法則性を見いだして理解できるよう指導することが求められている。

　探究活動における仮説を検証する実験は，見いだした問題から検証可能な仮説を設定することに始まる。実験結果の考察に当たっては，独立変数（変化させた条件）と従属変数（測定値）を表やグラフにまとめたり，比例定数を求めたりして，2つの量の関係を見いだし，文字の式（関数）として表現し，一般化する。このような，2つの量に関する，理科ならではの実験による探究の過程において働くと考えられる「見方・考え方」を，表1-1（P8）から抽出して表1-2（P15）に整理した。以下に，問題を見いだして実験を行い，得られた結果を考察して規則性や関係性を見いだすまでの過程において働くと考えられる，「見方・考え方」について述べる。

　事物・現象を観察して問題を見いだし，仮説を設定する段階では，「時間的，空間的な関係」の「事物・現象は時間とともにどのように変化しているか」や「原因と結果」の「変化する事物・現象から，変化する量として何が同定できそうか」「事物・現象における変化（量）に影響を及ぼす要因（量）を見いだせそうか」「事物・現象における2つの量は因果関係として捉えることができそうか」が働くと考えられる。また，「比較，関係付け」の「従属変数と独立変数の比較，関係付け」を働かせることで，実験で検証可能な仮説の設

## 表 1-2　理科における 2 つの量に関する学習において働く「見方・考え方」

| |
|---|
| **質的・量的な関係**<br>・事物・現象を質的，量的のいずれで捉えられそうか<br>・2 つの変数の間に関係性がありそうか（質的な変数と質的な変数，質的な変数と量的な変数，量的な変数と量的な変数）<br>・2 つの量的な変数の関係を比や割合で捉えられそうか<br>・2 つの量的な変数を座標平面で可視化して関係性を捉えられそうか（散布図，グラフなど）<br>・2 つの量的な変数の関係は，どのような関数で表現できそうか<br>・座標平面で分解したベクトルの量的な関係を，三角比でどのように捉えられそうか |
| **時間的・空間的な関係**<br>・事物・現象は時間とともにどのように変化しているか<br>・事物・現象の変化と時間の関係をどのように捉えられ（表現でき）そうか<br>・時間的・空間的に変化する事物・現象は，二次元の座標平面でどのように捉えられそうか<br>・時間的・空間的に変化する事物・現象は，三次元の座標空間でどのように捉えられそうか |
| **原因と結果**<br>・変化する事物・現象から，変化する量として何が同定できそうか<br>・事物・現象における変化（量）に影響を及ぼす要因（量）を見いだせそうか<br>・事物・現象における 2 つの量は因果関係として捉えることができそうか<br>・事物・現象の変化は，独立変数と従属変数の関係として，図・表・式・グラフ等を用いて捉えられそうか |
| **定性と定量**<br>・従属変数はどのようにすれば物理量として測定できるか<br>・物理量として測定できない従属変数は，どのようにすれば数量化できるか<br>・測定や数量化ができない従属変数の変化は，どのようにすれば定性的に調べられるか |
| **比較，関係付け**<br>・従属変数と独立変数の比較，関係付け<br>・測定値や導出した変化の割合等の比較，関係付け |

定が可能になるものと考えられる。さらに，同定した従属変数の数量化については，「定性と定量」の下位に設定した，「従属変数はどのようにすれば物理量として測定できるか」「物理量として測定できない従属変数は，どのようにすれば数量化できるか」が働くと考えられる。これらの「見方・考え方」を，小

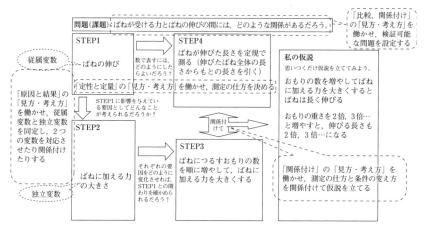

図1-2 小林・永益（2006）が開発した4QS仮説設定シートで仮説を立てる
際に働く「理科の見方・考え方」

林・永益（2006）が開発した4QS仮説設定シートを用いて仮説を設定する際
の思考の過程に対応させると，図1-2のようになる。

　実験の計画を立案する段階では，条件の制御や測定値を記入する表の作成
等，2つの量の関係に着目することが大切であることから，「質的・量的な関
係」の「2つの量的な変数の関係を比や割合で捉えられそうか」「2つの量的な
変数を座標平面で可視化して関係性を捉えられそうか」や，「比較，関係付け」
の「測定値や導出した変化の割合等を比較，関係付け」が働くと考えられる。

　得られた実験結果を考察したり見いだした関係を一般化したりする段階で
は，「質的・量的な関係」の「2つの量的な変数の関係を比の値や割合で捉え
られるか」「2つの量的な変数を座標平面で可視化して関係性を捉えられそう
か」が，「比較，関係付け」については，「測定値や導出した変化の割合等を比
較，関係付け」が働くと考えられる。

　高等学校の物理（力学）については，斜方投射等の物体の運動の学習を例に
挙げて，ここで働く「見方・考え方」を考えてみる。この単元で学ぶ自然の性
質は，二次元（三次元）空間が2つ（3つ）の一次独立のベクトルで張られ，
それに伴い，変位や速度や加速度がその方向に分解でき，運動の法則もその方

向で独立に成立し，逆にその和で二次元（三次元）の変位や速度や加速度を再構成できることである。また，変位や速度の時間変化（変化率）から，変位と速度と加速度の関係も学ぶ。斜方投射の放物線の背景には，このような空間と時間が絡まった高度な「見方・考え方」があり，それを理解するために，「質的・量的な関係」の「2つの量的な変数を座標平面で可視化して関係性を捉えられそうか」「座標平面で分解したベクトルの量的な関係を，三角比でどのように捉えられそうか」や，「時間的・空間的な関係」の「事物・現象は時間とともにどのように変化しているか」「事物・現象はどのような空間的，幾何学的な関係として捉えられそうか」「時間的・空間的に変化する事物・現象は，二次元の座標平面でどのように捉えられそうか」を働かせることで，理解が進むものと考えられる。

　以上，理科ワーキンググループが例示した「理科の見方・考え方」の下位に設定したものの中から，2つの量に関する学習において働くと考えられる「見方・考え方」を抽出して表1-2（P15）に整理し，中学校については実験による探究の過程に沿って，どのような「見方・考え方」が働くと考えられるかについて述べた。また，高等学校については，力学の斜方投射を取り上げて，座学においても「理科の見方・考え方」を働かせられることを述べた。これらのことから，下位に設定した「見方・考え方」を学習の場面に応じて，生徒が自在に働かせられるよう指導できる可能性が示唆されたと考える。また，教師の発問や指導の場面において，生徒が適切に「理科の見方・考え方」を働かせられるようにするための，授業改善の鍵として機能することも示唆されたと考える。

## 3-4　片桐（2004）の「数学的な考え方」と「理科の見方・考え方」の下位に設定した「見方・考え方」との対応

　片桐（2004）は，「数学的な考え方」として「数学の方法に関係した数学的な考え方」と「数学の内容に関係した数学的な考え方」を提案している（表1-3：P18）。ここでは，片桐（2004）の提案する「数学的な考え方」と「理科の見方・考え方」の「質的・量的な関係」「時間的・空間的な関係」「原因と結

表 1-3　片桐（2004）の「数学の方法に関係した数学的な考え方」と
「数学の内容に関係した数学的な考え方」

| Ⅱ 数学の方法に関係した数学的な考え方 | |
|---|---|
| 1　帰納的な考え方 | 2　類推的な考え方 |
| 3　演繹的な考え方 | 4　統合的な考え方（拡張的な考え方を含む） |
| 5　発展的な考え方 | 6　抽象化の考え方（抽象化，具体化，条件の明確化の考え方） |
| 7　単純化の考え方 | 8　一般化の考え方 |
| 9　特殊化の考え方 | 10　記号化の考え方 |
| 11　数量化，図形化の考え方 | |

| Ⅲ 数学の内容に関係した数学的な考え方 |
|---|
| 1　考察の対象の集まりや，それに入らないものを明確にしたり，その集まりに入るかどうかの条件を明確にする（集合の考え方） |
| 2　構成要素（単位）の大きさや関係に着目する（単位の考え方） |
| 3　表現の基本原理に基づいて考えようとする（表現の考え方） |
| 4　ものや操作の意味を明らかにしたり，広げたり，それに基づいて考えようとする（操作の考え方） |
| 5　操作の仕方を形式化しようとする（アルゴリズムの考え方） |
| 6　ものや操作の方法を大づかみにとらえたり，その結果を用いようとする（概括的把握の考え方） |
| 7　基本法則や性質に着目する（基本的性質の考え方） |
| 8　何を決めれば何が決まるかということに着目したり，変数間の対応のルールを見付けたり，用いたりしようとする（関数の考え方） |
| 9　事柄や関係を式に表したり，式をよもうとする（式についての考え方） |

果」，「定性と定量」「比較，関係付け」の下位に設定した「見方・考え方」を
対応させて，数学と理科に共通する「見方・考え方」を見いだすための検討
を行うことにする。なお，片桐（2004）を引用する際は，原典の通り「考え
方」と表記する。また，中学校学習指導要領（平成 29 年告示）（文部科学省，
2018b）と関連付けて述べる際には「見方・考え方」と表記する。

　まず，数学について述べる。片桐（2004）は「数学の方法に関係した数学
的な考え方」として，「1　帰納的な考え方」「2　類推的な考え方」「3　演繹的
な考え方」等，11 項目を挙げているが，「11　数量化，図形化の考え方」以外
は，直接的に量と関わる「考え方」とは考えにくい。そこで，本章の目的が，

数学と理科ならではの量についての共通の「見方・考え方」を見いだすことにあることから、「数学の方法に関係した数学的な考え方」については、「11 数量化、図形化の考え方」のみを検討の対象とした。「数学の内容に関係した数学的な考え方」については、「2 構成要素（単位）の大きさや関係に着目する（単位の考え方）」「8 何を決めれば何が決まるかということに着目したり、変数間の対応のルールを見付けたり、用いたりしようとする（関数の考え方）」「9 事柄や関係を式に表したり、式をよもうとする（式についての考え方）」が量に関わる「考え方」であると考え、これらを検討の対象とした。

　次に、理科について述べる。2つの量に関する学習において働くと考えられる「見方・考え方」は、上述した通り「質的・量的な関係」については、「事物・現象を質的、量的のいずれで捉えられそうか」「2つの変数の間に関係性がありそうか」「2つの量的な変数の関係を比や割合で捉えられそうか」「2つの量的な変数を座標平面で可視化して関係性を捉えられそうか」「2つの量的な変数の関係は、どのような関数で表現できそうか」が、「時間的・空間的な関係」については、「事物・現象は時間とともにどのように変化しているか」「事物・現象の変化と時間の関係をどのように捉えられ（表現でき）そうか」「時間的・空間的に変化する事物・現象は、二次元の座標平面でどのように捉えられそうか」が、「原因と結果」については、「変化する事物・現象から、変化する量として何が同定できそうか」「事物・現象における変化（量）に影響を及ぼす要因（量）を見いだせそうか」「事物・現象における2つの量は因果関係として捉えることができそうか」「事物・現象の変化は、独立変数と従属変数の関係として、図・表・式・グラフ等を用いて捉えられそうか」が、「定性と定量」については、「従属変数はどのようにすれば物理量として測定できるか」「物理量として測定できない従属変数は、どのようにすれば数量化できるか」「測定や数量化ができない従属変数の変化は、どのようにすれば定性的に調べられるか」が、「比較、関係付け」については、「従属変数と独立変数の比較、関係付け」「測定値や導出した変化の割合等の比較、関係付け」が挙げられる。

　これらの「理科の見方・考え方」を片桐（2004）の「数学の方法に関係し

た数学的な考え方」の「11　数量化，図形化の考え方」に対応させると，実験結果を座標平面にプロットして直線を引いたり曲線を引いたりすることや，比例のグラフから比例定数を導出したりする際には，$x$軸の独立変数の増加量に対する$y$軸の従属変数の増加量の関係を直角三角形の底辺に対する高さの比の値（変化の割合）として求めることと捉えることができる。「数学の内容に関係した数学的な考え方」については，「2　構成要素（単位）の大きさや関係に着目する（単位の考え）」「8　何を決めれば何が決まるかということに着目したり，変数間の対応のルールを見付けたり，用いたりしようとする（関数の考え）」「9　事柄や関係を式に表したり，式をよもうとする（式についての考え）」が対応すると考えられる。

　その理由は，理科実験における作業仮説の設定において，従属変数と独立変数の依存関係に着目したり，実験結果を表（関数表）にまとめて独立変数$x$と従属変数$y$を対応させて，その変化の特徴を見いだしたりすることが，片桐（2004）の言う「関数の考え方」を働かせることそのものであると考えられるからである。また，グラフ化して変化の特徴を見いだす際には，「単位の考え方」や「関数の考え方」等を働かせて，独立変数と従属変数の単位に着目したり，独立変数$x$と従属変数$y$を対応させて変化の割合を求めたりして，一般化した式を導き出していると考えられるからである。

　算数・数学において，関数の基礎として位置付けられる比例の学習においても，理科におけるフックの法則やオームの法則の学習においても，$x$軸の変化量に対する$y$軸の変化量を関係付けることが重要である。理科において，2つの数量を関係付けて思考・判断・表現等を行うことができるのは，「関数の考え方」を働かせているからである。つまり，片桐（2004）の言う「関数の考え方」は，理科においても重要な「見方・考え方」であり，2つの教科を横断的に関係付ける要となる。

　結論的に述べるならば，片桐（2004）の言う「関数の考え方」は，「質的・量的な関係」の下位に設定した「2つの量的な変数の関係を比の値や割合で捉えられるか」「2つの量的な変数の関係を比や割合で捉えられそうか」や，「原因と結果」の下位に設定した「変化する事物・現象から，変化する量として何

が同定できそうか」「事物・現象における変化（量）に影響を及ぼす要因（量）を見いだせそうか」「事物・現象における2つの量は因果関係として捉えることができそうか」「事物・現象の変化は，独立変数と従属変数の関係として，図・表・式・グラフ等を用いて捉えられそうか」と整合している考えられる。

　また，小学校指導書算数編（文部省，1978）の，「1つの数量を調べようとするとき，それと関係の深い数量をとらえ，それらの数量との間に成り立つ関係を明らかにし，その関係を利用しようとする考えが，関数の考えの基本的な考え方である」や，中島（2015）が関数の考えとして述べている，「変量の間の関係を表やグラフに表したり，式に表したり，式からよみとったりすること」とも整合すると考えられる。そこで，数学と理科に共通の要となる「見方・考え方」として「関数的な見方・考え方」を位置付けることにする。なお，「関数の見方・考え方」ではなく「関数的な見方・考え方」と表記するのは，関数を用いて見たり考えたりすることに限定するのではなく，2つの変数の関係性を見いだす過程で働かせる，幅のある「見方・考え方」として捉えているためである。

　「関数的な見方・考え方」を数学と理科に共通する要となる「見方・考え方」であることを了解できれば，それを要として，数学と理科で用いられる用語の違いや，そこから生ずる概念の微妙な違いを乗り越えて，資質・能力の育成を目指す理科と数学の教科等横断的な学習の計画や実施が効果的に行えるようになるものと考える。


## 第4節　算数・数学教育における「関数的な見方・考え方」について


　算数・数学教育研究では，古くから「数学的な考え方」の研究が行われてきた。その萌芽は，算数・数学教育の目標としての実質陶冶と形式陶冶を総合しようとする中で生まれてきた（長崎，2007）。実質陶冶論に対しては，算数・数学の内容が時代とともに古びてくることや，すべての内容を指導することが

無理であること，形式陶冶論については，心理学の進歩によって，一般的な思考能力の育成に疑問が生じたことから，数学という実質的な内容に基づいた形式的な思考能力に目が向けられた。昭和 10 年代には数理思想の育成が算数・数学教育の目標として策定され，その発想は戦後も引き継がれ，現在に至るまで，さまざまな研究者によって数学を創り出す際に働く考え方として研究がなされ，種々の議論とともにかなり精緻に捉えられるようになっている。また，算数・数学教育では，学習指導要領における目標と評価の観点として長らく位置付けられ，数学的な考え方を育成するための指導法が研究されてきている。

「関数的な見方・考え方」については，どの研究者も，数学的な考え方の中で重要なものとして位置付けている。「関数的な見方・考え方」を数学教育の中で最初に重視したのは，20 世紀の初めに起こった数学教育改造運動での Flex Klein であり，われわれを取り巻く現実的な世界を数学的に観察する能力を可能な限り発展させることを目指していた。明治から昭和初期にかけての数学教育者である小倉金之助はその精神に共鳴し，「数学教育の意義は科学的精神の開発にあり，そして，数学教育の教授内容の核心は函数観念の養成にある。…わたしはただ函数の観念が数学教育に必要であるというような，微温的なことを言うのではない。函数の観念こそ数学教育の核心である。函数の関係を徹底せしめてこそ，数学教育ははじめて有意義であることを主張するのである」とまで述べている（小倉，1973）。

ただし，今日，「関数的な見方・考え方」と言われるものは，数学的な意味での関数を用いる考え方というより，数学を創り出す際に働く重要な考えとして，数と式，図形，確率・統計を含めて，広く一般に用いられる考え方である。その発想の原点を，中島（1981）は，次のように表現している。

　　ある事柄を知りたいとき，それを直接知ることができない。これと関係のある何かで知っていこうとする。「新しく考察の対象としている未確定の，または複雑なことがら（これを $y$ として）を，よくわかった，または，コントロールのしやすいことがら（$x$）をもとにして，簡単にとらえることができないか。このために，何を（変数 $x$）として用いたらよいか。また，そのとき，対応のきまり（法則）$f$ はどんなになるか」

　この発想をごく簡単に何か別の作業をしながら風呂の湯を入れる状況を例にして考えてみよう。風呂の湯がどれくらいたまるか（$y$（cm）あるいは$y$（L））はもちろん気になるが，作業を止めたくない場合には，人間は時計（$x$（分））を見ようとする。そして，時間を考えることによって，風呂の湯の入り具合を予想しようとする。この場面では，実際に湯の量を見に行く手間を回避するために，時間で予想するという，時間と湯の量を関係付けて捉える発想が生じている。ただし，時間を気にした挙げ句，風呂場に戻ってみると，お湯が湯船からこぼれていたというオチがつくことがしばしばあるかもしれない。時間と湯の量の対応関係$f$をしっかりと捉えていないと，湯の量はコントロールできないのである。

　一般に，「関数的な見方・考え方」は，数量や図形を取り扱う際に，それらの変化や対応の規則性に着目して問題を解決していく考えと言われる。「関数的な見方・考え方」を働かせるプロセスは，まず，依存関係に着目することから始まる。変量は何か，ある数量を決めたときに他の数量は決まるか，一定の規則はありそうか。次に，伴って変わる2つの数量の対応や変化の特徴を明らかにすることがなされる。数量の関係を表・グラフ・式で表したり，逆に式で表された関係から元の数量や変化の関係を読みとったりする。最後に，関数関係を問題解決に活用し，「関数的な見方・考え方」のよさを知る。より効率的に作業を行えているか，問題場面の構造を簡潔・明瞭・的確に捉えられているか，処理するよさを感じられているかなどを確かめる。

　「関数的な見方・考え方」を，より個別的に分けて考えれば，次の6つが挙げられる（國本，1990）。

　　ア．集合の意識　　　　　　　　　　（集合の考え）
　　イ．2つの数量の依存関係に着目する　（関係づける考え）
　　ウ．数量を変化させて考える　　　　　（変数の考え）
　　エ．「決めれば決まる」という考え　　（対応の考え）
　　オ．対応のきまりや変化の特徴を見つける（帰納的な考え）
　　カ．対応のきまりや変化の特徴を利用する（応用の考え）

　こうした「見方・考え方」をうまく活用すれば，大量の紙の枚数を数えるのに，適当な数の紙をとって，その重さと枚数の比例関係を利用して数えたり，ばねの強さを，おもりを使って比較したりすることが可能となる。算数の内容をこの関数の考えで見直せば，実に多くの学習の中でこの考え方を見いだすことができる。例えば，円周率は，円周の長さ（$y$）を，すぐに測れる直径（$x$）で表そうとした結果である。この考え方は，算数・数学に留まらず，科学一般に共有する重要な考え方でもある。

　1958（昭和 33）年以来，長らく算数の領域の１つとして位置付けられてきた数量関係領域は，内容領域というよりは，数と計算，量と測定，図形の各領域の内容を理解したり，活用したりする際に用いられる数学的な考え方や手法を身に付ける，数量や図形について調べたり，表現したりする方法を身に付ける，いわば方法知を育む領域として考えられてきた。その重要な指導内容の１つが関数の考えであった。

　関数は何のためにあるか，という問いへの回答の１つは，関数は予測のための道具であるということであろう。もしも表の中に対応する２つの数量を最初から書き込んでいたり，グラフに最初から目盛りを入れたりしていたなら，児童・生徒の技能習得にはよいかもしれない。しかし，知りたい現象がずっと未来のことであれば，目盛りを小さくとり，直線を伸ばして未来予測する必要があるだろうし，微細な現象を探究したいのであれば，目盛りと目盛りの間に，知りたい何かがあるとして，目盛りの幅を考えなければならない。探究の必要感のもとに，考察の対象を的確に捉えるため，それと関連のある対象を選び，それらの関係をしっかりと見定めていこうという基本的な発想や考え方が，「関数的な見方・考え方」の本質である。

　算数・数学教育においては，「関数的な見方・考え方」の本質を理解し，活用する力をつけることを主たる目的とするが，「関数的な見方・考え方」は算数・数学科の中だけで理解されるものではなく，とりわけ理科学習と密接な関わりの中で育まれるものだと考える。関数は予測のための道具であり，この視点から理科学習へ適用された時には，「関数的な見方・考え方」は理科の学習を支える重要な「見方・考え方」になりうると考える。一方で，さまざまな

自然現象の本質や原理を捉えていく理科学習の中で，「関数的な見方・考え方」それ自体が現実感や真実性を身に纏うようになり，より確かな「関数的な見方・考え方」へと高まることが期待される。こうした算数・数学と理科との互恵的な関係を意識化し，教科等横断的な学習やカリキュラムをいかにして実現していくかが，次なる課題となる。

## 第5節　「関数的な見方・考え方」を働かせる理科の授業改善に向けて

### 5−1　数学と理科に共通の課題 ―2つの量の関係に関する理解―

　平成24年度全国学力学習状況調査報告書（文部科学省，2012）では，数学の関数について，「具体的な事物・現象における2つの数量の関係に，関数として捉えられるものがあることの理解に課題がある」ことが報告されている。また，指導改善のポイントとして，「具体的な事物・現象の中から2つの数量を取り出し，表やグラフを用いてそれらの変化や対応の様子を調べ，2つの数量の関係を式で表し，どのような関数であるかを判断する活動を一層重視することが大切である」と述べられている。

　同報告書の理科（文部科学省，2012）では，観察・実験における量的な関係についての指導の充実について，「量的に表すことができるものは何か（変数），どんな関係がありそうか（独立変数と従属変数）などを考えさせる指導が大切である。観察・実験の結果から量的な関係を考察する場面では，測定結果を表にまとめることで規則性（変数の関係）が見えてくるものから，数的な処理をしてグラフにして初めて関係性が見えてくるもの，式で表すことができるものなど，様々場合がある。はじめは，測定結果のまとめ方，グラフの作成の仕方などを丁寧に指導し，規則性に気付かせる。そして，生徒自身が考えながら結果を整理し，分析し解釈して関係性を導くなど，段階を踏まえた指導をすることが大切である。そのような指導の積み重ねにより，量的な関係についての理解が深まっていくものと考えられる」と記されている。

　以上のように，平成24年度全国学力学習状況調査報告書（文部科学省，2012）では，数学と理科ともに量の関係に関する理解に課題があることが記され，それぞれ指導の改善や充実の必要性が述べられている。

## 5−2　数学と理科に共通する「関数的な見方・考え方」と内包量

　数学における一次関数の学習においても，また理科におけるフックの法則やオームの法則等，比例関係のある事物・現象の学習においても重要なのは，$x$軸の変化量に対する$y$軸の変化量を「関数的な見方・考え方」を働かせて捉えることである。2つの量の関係を対応させて，商を求めると比の値が得られる。このような量を算数・数学教育では，内包量という。内包量は温度や速度のように，加え合わせても意味のない量である。それに対して，質量・長さ・体積などの同じ種類で加え合わせることのできる量を外延量という。内包量も外延量も，銀林（1957）や遠山（1966）が算数・数学教育のために考案した量である。

　内包量は intensive quantity，外延量は extensive quantity と英訳される。熱力学では，物質の量に依存しない状態変数を示強変数（intensive variable），物質の量に比例するものを示量変数（extensive variable），という（平野，1994）。算数・数学教育で用いられる内包量，外延量は，熱力学で用いられる示強変数，示量変数と発想は似てはいるが，熱力学では変数として捉えており，算数・数学教育で用いられる用語の概念とは異なる。しかし，「関数的な見方・考え方」を数学と理科に共通する要となる「見方・考え方」と捉え，資質・能力の育成に向けて教科等横断的な視点で授業改善の方策を考察しようとする本章においては，内包量と示強変数，外延量と示量変数をそれぞれ同義語として捉えても問題はないと考え，以後においては，理科の学習内容についても内包量という用語を用いて述べることにする。

## 5−3　中学校理科で取り上げられる内包量

　内包量に分類される中学校理科の学習内容について述べる。第1学年で取り上げられる内包量は，密度，質量パーセント濃度，ばねに加える力の大きさと

ばねの伸びを測定する実験（以下，フックの法則と表記），圧力である（表1-
4：P28）。

　中学校学習指導要領解説理科編（文部科学省，2008b）では，密度について
「金属やプラスチックなどの様々な固体の物質の密度を測定する実験を行い，
求めた密度から物質を区別できることに気付かせたり（以下，略）」と記され
ており，密度が物質に固有の特徴であることを理解させることを目的としてい
る。これを受け，教科書（東京書籍，2012a）では，密度の定義と公式が示さ
れた後，物質名の異なるプラスチックの密度を測定して，密度で物質を区別で
きることを見いだして理解できるよう構成されている。中学校学習指導要領解
説理科編（文部科学省，2008b）において，物質の密度を体積と質量の関数の
関係として理解させるようになっていない理由は，次のように考えられる。中
学校第1学年の生徒は，小学校算数で単位量当たりの大きさによる比べ方の学
習を行っており，内包量の概念を確立していると考えられることから，密度の
定義とそれを求める公式を与えれば，密度が物質に固有の特徴であることを理
解できるはずである。したがって，いくつかの物質について，体積を変えて質
量の測定を行い，体積に対する質量の比の値を求めて，内包量としての比例定
数を創出するとともに，比例定数がグラフの傾きであることを見いださせて密
度の概念の理解に至らせる必要性はない。このように考えて中学校学習指導要
領解説理科編（文部科学省，2008b）は作成されているように思われる。

　質量パーセント濃度について中学校学習指導要領解説理科編（文部科学省，
2008b）では，「水溶液の濃さの表し方に質量パーセント濃度があることにも
触れる」と記されている。教科書（東京書籍，2012a）では，密度と同様，質
量パーセント濃度の定義と公式が示されている。

　フックの法則について中学校学習指導要領解説理科編（文部科学省，
2008b）では，「ばねにおもりをつるして伸ばし，おもりの数と伸びが比例す
ることを見いださせる」と記されている。教科書（東京書籍，2012a）では，
力の大きさとばねののびの関係について実験を行い，得られた実験結果を表に
まとめたり，グラフを作成して，ばねに加える力とばねののびの間には，比例
関係があることを見いださせて理解させたりする構成になっている。作成した

表1-4 「関数的な見方・考え方」を働かせて学習する中学校理科の内容

| 学年 | 学習内容 | 学習指導要領解説編における内容の取り扱い | 「関数的な見方・考え方」 |
|---|---|---|---|
| 第1学年 | 密度 | ・密度から物質を区別できることに気付かせる | 2つの量の比の値を求める |
| | 質量パーセント濃度 | ・水溶液の濃さの表し方に質量パーセント濃度があることにも触れる | 割合を求める |
| | フックの法則 | ・おもりの数と伸びが比例することを見いださせる | 2つの量の比の値を求める<br>変化の割合を求める |
| | 圧力 | ・圧力は力の大きさと面積に関係があることを見いださせる | 2つの量の比の値を求める |
| 第2学年 | オームの法則 | ・電圧と電流が比例関係にあることを見いださせる | 2つの量の比の値を求める<br>変化の割合を求める |
| | 湿度 | ・気温による飽和水蒸気量の変化が湿度の変化や凝結にかかわりがあることを扱う | 割合を求める |
| | 定比例の法則 | ・金属の質量と反応する酸素の質量との比を見いださせる | 2つの量の比の値を求める<br>変化の割合を求める |
| 第3学年 | 力と運動 | ・「時間と速さ」の関係や「時間と移動距離」の関係の規則性を見いださせる<br>・物体に力を加え続けたときには，時間の経過に伴って物体の速さが変わることを理解させる<br>・斜面に沿った重力の分力が大きいほど速さの変わり方も大きいことを理解させる | 2つの量の比の値を求める<br>変化の割合を求める |
| | 力学的エネルギー | ・高いところにある物体ほど，また，質量が大きいほど，大きなエネルギーをもっていることを理解させる | 2つの量の比の値を求める<br>変化の割合を求める |
| | 仕事率 | ・単位時間当たりの仕事として仕事率を理解させる | 2つの量の比の値を求める |

グラフは，原点を通る直線になることから，生徒は直感的に比例関係を見いだすと思われるが，考察に当たって大切なことは，2倍，3倍と変化させたばねに加える力に対するばねののびの比の値が一定であること，つまり変化の割合が一定であることに気付かせることである。

　圧力について中学校学習指導要領解説理科編（文部科学省，2008b）では，「圧力についての実験を行い，圧力は力の大きさと面積に関係があることを見いだす」と記されている。教科書（東京書籍，2012a）では，圧力の定義と公式が示された後，水の深さを変えて，透明なパイプに張ったうすいゴム膜のへこみ具合を調べる実験が記されている。

　第2学年で取り上げられる主な内包量は，金属線には電気抵抗があることを見いだす実験（以下，オームの法則と表記），湿度，金属の質量を変えて酸化させる実験（以下，定比例の法則と表記）である。

　オームの法則について中学校学習指導要領解説理科編（文部科学省，2008b）では，「電熱線などの金属線を入れた回路で，金属線に加える電圧と流れる電流の大きさの関係を測定する実験を行い，測定値をグラフ化し，結果を分析して解釈させ，電圧と電流が比例関係にあることを見いださせる」と記されている。教科書（東京書籍，2012b）では，金属線に加える電圧と流れる電流の大きさの関係を測定する実験を行い，得られた実験結果を表にまとめたり，グラフを作成して，結果を分析して解釈させ，電圧と電流が比例関係にあることを見いださせて理解させたりする構成になっている。

　湿度について中学校学習指導要領解説理科編（文部科学省，2008b）では，「気温による飽和水蒸気量の変化が湿度の変化や凝結にかかわりがあることを扱う」と記されている。教科書（東京書籍，2012b）では，湿度の定義と公式が示された後，空気の湿度が100%になると水蒸気が水滴に変わることを確かめる実験が記されている。

　定比例の法則について中学校学習指導要領解説理科編（文部科学省，2008b）では，「金属の質量を変えて酸化させる実験を行い，結果をグラフ化し，金属の質量と反応する酸素の質量との比を見いださせるようにする」と記されている。教科書（東京書籍，2012b）では，マグネシウムと銅の粉末の質

量を変えて酸化させる実験を行い，測定した結果を表やグラフにして分析・解釈を行い，それぞれの金属の質量と反応する酸素の質量との比の値が一定していることを見いださせる構成になっている。

　第3学年で取り上げられる主な内包量は，力と運動，力学的エネルギー，仕事率である。力と運動について中学校学習指導要領解説理科編（文部科学省，2008b）では，「力学台車などを滑らかな水平面上で運動させ，力を水平に加え続けたときと力を加えないときの運動を比較する。それらの運動を，記録タイマーで記録したテープから単位時間当たりの移動距離を読み取らせ，結果を表やグラフを用いて考察させることを通して，『時間と速さ』の関係や『時間と移動距離』の関係の規則性を見いださせる。そして，物体に力を加え続けたときには，時間の経過に伴って物体の速さが変わることを理解させる。一方，物体に力が働かないときには，運動している物体は等速直線運動を続け，静止している物体は静止し続けようとする性質があること，すなわち，慣性の法則を理解させる。また，斜面に沿った台車の運動の様子を記録タイマーなどで記録させる。このとき，台車にかかる斜面に沿った力の大きさも測定させる。斜面の角度をいろいろと変化させて実験を行い，その結果を分析して解釈させ，斜面に沿った重力の分力が大きいほど速さの変わり方も大きいことを理解させる」と記されている。教科書（東京書籍，2012c）では2つの実験が記されている。1つは，水平でなめらかな台に置いた力学台車に付けた記録テープを引く速さを変えるなどの条件を変えて記録タイマーで運動を記録し，その結果を表にまとめたりグラフを作成したりして，記録テープで速さの変化を調べられることを理解させる構成になっている。もう1つは，斜面を下る台車の速さを，台車の角度を変えて調べ，0.1秒ごとの移動距離を記録したテープの実験結果を分析・解釈して，一定の力が働く物体の速さは，一定の割合で変化することを見いださせて理解させる構成になっている。

　力学的エネルギーについて中学校学習指導要領解説理科編（文部科学省，2008b）では，「位置エネルギーについては，例えば，物体の高さや質量を変えて，斜面を下る物体の衝突実験を行い，高いところにある物体ほど，また，質量が大きいほど，大きなエネルギーをもっていることを理解させる。運動エ

ネルギーについては，例えば，水平面上を動く物体の衝突実験を行い，物体の質量が大きいほど，速さが速いほど，大きなエネルギーをもっていることを理解させる」と記されている。教科書（東京書籍，2012c）では，質量の異なる3つの小球をいろいろな高さから転がし，木片に衝突させたときにする仕事の大きさを調べる実験を行い，小球の位置が高いほど，また，質量が大きいほど，木片に対してした仕事が大きいことを見いださせて理解させる構成になっている。

　仕事率について中学校学習指導要領解説理科編（文部科学省，2008b）では，「仕事に関する実験を行い，日常の体験などとも関連させながら力学的な仕事を定義し，単位時間当たりの仕事として仕事率を理解させる」と記されている。教科書（東京書籍，2012c）では，ペットボトルのキャップ1個を指ではじいて，10個並べたペットボトルのキャップが何個動くかについて，速さとキャップが動いた個数との関係を調べる実験および質量の異なる3つの小球をいろいろな高さから転がし，木片に衝突させたときにする仕事の大きさを調べる実験を踏まえて，仕事率〔W〕＝仕事〔J〕／かかった時間〔S〕を理解させる構成になっている。

## 5-4　内包量である比例定数を創出する学習の意義
### 　— 微分係数（変化率）の理解の基礎として —

　中学校学習指導要領（平成29年告示）解説数学編（文部科学省，2018c）では，「関数」指導の意義について，「伴って変わる2つの数量の変化や対応を調べることを通して，比例，反比例，一次関数，関数 $y = ax^2$ を文字を用いた式によって表し，グラフの特徴や変化の割合などの関数の性質を理解する」と記されている。変化の割合の理解は，理科においても極めて重要であることから，数学と理科で共有できる重要な概念であると考えられる。

　　銀林（1985）は，「中学校における関数の指導は，小学校における量の学習を土台にして，量の変化を解析することであるが，このとき，量と働きをいかに統一するかが課題になる。例えば，小学校で学習した直接的内包量から正比例関数

を仲立ちとして，その比例定数としての新しい内包量を創出するという過程が，中学校での関数の指導の第一歩になる」と述べている。

銀林（1985）が解析という用語を用いて，比例定数としての新しい内包量を創出することの重要性を述べているのは，内包量としての比例定数が高等学校数学で学習する解析学の一分野である微積分の基礎となることによるものと考えられる。

内包量としての比例定数は，2つの外延量の比の値である。比の値を求める際に働く「見方・考え方」は，大きく捉えると量に対する「比較」の「見方・考え方」である。そこで，量に対する「関数的な見方・考え方」を働かせ，2つの外延量の比の値が一定であることを見いださせて理解させることで，変化の割合の概念が習得できると考えられる。さらに，変化の割合，グラフの傾き，比例定数が同一の意味をもつことを理解させることができると考えられる。変化の割合の概念は，高等学校数学で学習する平均変化率〔関数 $y=f(x)$ における，$x$ の値の $a$ から $b$ への変化に対する $x$

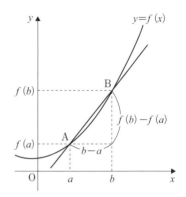

図1-3　関数 $f(x)$ における $x$ の変化量に対する $y$ の変化量を説明した高等学校数学の教科書の図（新版数学Ⅱ，実教出版，2007 より転載）

の増分 $\varDelta x = b - a$ と $y$ の増分 $\varDelta y = f(b) - f(a)$ の比，$\varDelta y / \varDelta x$〕や，微分係数〔関数 $y=f(x)$ のグラフ上の点 A$(a, f(a))$ における接線の傾き〕の学習の基礎となる（図1-3）。

## 5−5 数学と理科に共通の「関数的な見方・考え方」を働かせる理科授業の改善

## 5−5−1 「関数的な見方・考え方」を働かせた実験を通して法則等を見いだし理解する過程

　小学校学習指導要領（平成 29 年告示）解説算数編（文部科学省，2018e）では，伴って変わる 2 つの数量の変化や対応の特徴を考察することについて，次のように記している。

　　　　第 5 学年では，日常の事象について，図や式を用いて，基準量，比較量などの数量の関係を明瞭，的確に表したり，表現されたものから，これらの数量の関係を適切に読み取ったりして，数量の関係どうしを比べていく。また，異種の 2 つの量の割合として捉えられる数量の関係を，目的に応じて，一方の量の大きさを揃えて他方の量で比べる。第 6 学年では，比の値や比の相等，等しい比をつくることの指導を通して，図や式を用いて，比を表現し，表現された図や式から，数量の関係を読み取って比べることができるようにする。また，表した 2 つの数量の間にある比例関係を使って，数量の関係を比べたり，知りたい数量の大きさを求めたりする。

　中学校学習指導要領（平成 29 年告示）解説数学編（文部科学省，2018c）では，「関数」指導の意義について，「自然現象や社会現象などの考察においては，考察の対象とする事象の中にある対応関係や依存，因果などの関係に着目して，それらの諸関係を的確で簡潔な形で把握し表現することが有効である」と述べられている。さらに，「2 つの数量の関係を表に表し，その表を基に変化の様子を調べ，対応のきまりを見いだし，それを式で表現する。また，式を基に表を作って変化の様子を調べたり，式から変化の割合を求めたりする」と記されている。

　中学校理科のエネルギー領域の学習における，2 つの量の関係の捉え方には，算数や数学の学習指導要領解説編で述べられていることと共通点がある。理科の学習で取り上げられる物理学的な事物・現象は，一般的に因果関係を前提とすることが可能であり，従属変数と独立変数の関係について調べた実験結果を表やグラフにまとめ，規則性や法則性を見いだしたり，その関係を関数として文字を用いた式で表したりして考察を行う。

　「見方・考え方」は，各教科等の特質に応じた物事を捉える視点や考え方とされていることから，文字どおり解釈すれば「数学的な見方・考え方」と「理科の見方・考え方」は，それぞれ数学と理科の学習において独立して働かせるものと捉えられる。一方，中学校学習指導要領（平成 29 年告示）（文部科学省，2018b）では，各教科等の教育の内容を，教科等横断的な視点をもちつつ，学年相互の関連を図りながら組織することが求められている。量の関係に関する理解を数学と理科の共通の課題として捉え，教科等横断的な視点でその解決や「主体的・対話的で深い学び」の実現に向けた授業改善に取り組めるようにするためには，2 つの教科の要となる「見方・考え方」を明確にしておく必要がある。そのように考え設定したのが，前述の「関数的な見方・考え方」である。

　算数・数学では，自然事象や社会的事象を数理的に捉え考察するに当たり，関数的な考えが中核となる働きをすることについて議論されてきた歴史がある。それに対して，理科においては，関数的な考えの重要性について深く議論されることはなかったように思われる。それは，関数的な考えは，算数・数学の問題であるとか，科学的な見方や考え方に包含される自明のことと解釈されてきたからではないだろうか。本章において，「理科の見方・考え方」を二層構造で捉え，詳細に示したことにより，算数・数学で身に付けた「関数的な見方・考え方」を理科においても働かせる学習内容や場面のあることが説明できるようになったと考える。

　理科では，因果関係のある物理学的事象について問題を見いだしたり，数量として得られる実験結果の分析の仕方を見通したりする場面において，「質的・量的な関係」の下位に設定した，「2 つの変数の間に関係性がありそうか」「2 つの量的な変数の関係を比や割合で捉えられそうか」や，「比較，関係付け」の「従属変数と独立変数の比較，関係付け」「測定値や導出した変化の割合等の比較，関係付け」といった，数学と共有できる「関数的な見方・考え方」を働かせられるよう指導することで，保存が難しいとされる内包量や法則を生徒が自ら見いだして理解できるようになるなど，深い学びの実現につながるものと考えられる。

## 5-5-2 中学校理科のエネルギーを柱とする領域の指導改善に関する提案
### ― 第1学年における「密度」の学習を例に ―

　中学校第1学年で学習する単元の1つに密度がある。中学校学習指導要領解説理科編（文部科学省，2008b）では，「金属やプラスチックなどの様々な固体の物質の密度を測定する実験を行い，求めた密度から物質を区別できることに気付かせる」ことが，学習活動の例として記されている。しかしながら，これに準拠した教科書（東京書籍，2012a）の密度に関する記述を見てみると，密度を求める実験は記載されておらず，定義「一定体積あたりの質量をその物質の密度といい，普通1cm³あたりの質量で表す」に関する記述とともに，式「物質の密度（g/cm³）＝物質の質量（g）／物質の体積（cm³）」が示されているだけである。つまり，平成20年告示の学習指導要領における密度の学習は，密度の定義と式（公式）の理解に留まっている。このことは，極論すると密度は物質に固有の物理的特性であることを理解し，公式を暗記して計算問題が解ければよいということになる。

　理科で扱われる物質の密度は，算数・数学で用いられる「連続量／連続量」という内包量の基本的な形態をとり，その教授が難しいことが従来から指摘されている（永瀬，2003）。小学校第6学年を対象に，物質密度に関する理解度を調査した麻柄（1992）は，「体積（土台量）が大きいほど，密度（内包量）は大きくなる」という誤った認識をしている児童が多いことを報告している。併せて，「全体量・土台量の多少（大小）に関係なく，当該内包量は一定である」という，内包量の保存に関する理解が困難であることも明らかにされている（布施川・麻柄，1989；麻柄，1992；斎藤，2009）。

　内包量は，密度などの学習だけではなく，関数の基礎となる比例の学習においても重要な概念である。2つの量が比例関係にあることは，1つの量の変化に対するもう1つの量の変化の割合が一定であることを比例定数として導出して見いだすことになる。このようにして導出される比例定数は内包量である。つまり，内包量の概念が形成されていれば，直ちに比例関係が考えられという単純な話でもない。内包量の概念が形成されていれば，割合の3用法を活用することで計算問題は解決できるので，関数を考える必要性はなくなるとも

言える。学習の指導に当たって大切なことは，2つの量の関係について，内包量としての比例定数を導出させて，比例関係にあることを見いださせて理解させることである。

　中学校学習指導要領解説理科編（文部科学省，2008b）における密度の扱いは，物質に固有の物理的特性であり，密度を知ることで物質を見分けることができることを理解させる学習となっている。中学校理科の学習には，2つの量の間に比例関係のある事象がいくつかあるが，いずれも生徒に理解させることが難しいとされている。このような課題を解決するための授業改善の1つの方策として，複数の金属などについて，体積を2倍，3倍に変化させたときの質量を測定させ，その結果を表やグラフにまとめ，体積に対する質量の比が一定であることを見いださせるとともに，比の値がグラフの傾きと比例定数であることを見いださせて理解させることが考えられる（図1-4）。密度の学習は，一般的に中学校第1学年の7月頃に行われる。密度を中学校理科における「関数的な見方・考え方」を働かせる最初の学習として位置付けるとともに，その後に行う第1学年のフックの法則，第2学年のオームの法則，第3学年の物体の運動などの学習の基礎として位置付けることができる。そして，それぞれ

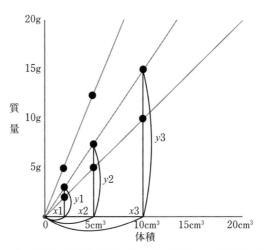

図1-4　体積に対する質量の比の値がグラフの傾きと比例
　　　　定数であることを見いださせるための図変化

異なる事物・現象であっても，「関数的な見方・考え方」を働かせることで，2つの量に関する法則性を見いださせて理解させることができるのではないかと考える。

　中学校における数学と理科に共通する課題を解決するためには，3年間の見通しをもったカリキュラム・マネジメントの視点から，「見方・考え方」を効果的に働かせる授業改善の取り組みが重要であると言えるだろう。

### 5-5-3　比例関係を要とした数学と理科の教科等横断的な学習

　中学校学習指導要領（平成29年告示）解説総説編（文部科学省，2018a）では，カリキュラム・マネジメントの推進について，「教科等の目標や内容を見通し，特に学習の基盤となる資質・能力（言語能力，情報活用能力（情報モラルを含む），問題発見・解決能力等）や現代的な諸課題に対応して求められる資質・能力の育成のためには，教科等横断的な学習を充実することや，『主体的・対話的で深い学び』の実現に向けた授業改善を，単元や題材など内容や時間のまとまりを見通して行うことが求められる」と記されている。また，カリキュラム・マネジメントを3つの側面で整理し，1つ目に「生徒や学校，地域の実態を適切に把握し，教育の目的や目標の実現に必要な教育の内容等を教科等横断的な視点で組み立てていくこと」を挙げている（文部科学省，2018a）。

　ここでは，中学校第1学年の数学の比例の学習を要として，理科で扱われる比例関係の法則や内包量の学習にどのように関連付けられるか，カリキュラム・マネジメントの1つ目の側面から述べる。

　第1学年で取り上げられる内包量や比例関係のある学習内容は，密度，フックの法則，圧力である。第2学年では，オームの法則，湿度，定比例の法則が取り上げられる。第3学年では，力と運動，仕事率が取り上げられる。これらの各学年の学習内容について，実施時期も含めて整理すると図1-5（P38）のようになる。7月頃に行われる密度の学習については，上述したように金属の体積を変えて質量を測定し，比の値を求めたりグラフ化したりして，内包量の1つとしての密度の概念を確実に理解させるとともに，その比の値がグラフの

| | 4 | 5 | 6 | 7 | 9 | 10 | 11 | 12 | 1 | 2 | 3 |
|---|---|---|---|---|---|---|---|---|---|---|---|
| 第3学年 | | 【理科】斜面を下る台車の速さ（変数, 仮説, 関数表, グラフ化, 比の値, 変化の割合, 内包量） | 【理科】仕事率（内包量） | | | | | | | | |
| 第2学年 | | 【理科】定比例の法則（変数, 仮説, 関数表, グラフ化, 比の値, 変化の割合, 内包量） | | | | | 【理科】オームの法則（変数, 仮説, 関数表, グラフ化, 比の値, 変化の割合, 内包量） | | | 【理科】湿度（内包量） | |
| 第1学年 | | | | 【理科】密度（変数, 仮説, 関数表, グラフ化, 比の値, 変化の割合, 内包量） | | 【数学】比例（関数表, 対応, 比の値, グラフの傾き, 変化の割合） | | | 【理科】音の伝わる速さ（変数, 内包量） | 【理科】フックの法則（変数, 仮説, 関数表, グラフ化, 比の値, 変化の割合, 内包量） | 【理科】圧力（変数, 仮説, 内包量） |

図 1-5　中学校の３年間を見通した数学の比例の学習と密接に関連する理科の学習内容とそのキーワード

傾きであり比例定数であることを見いださせて理解させることが大切であると考える。

　そして，理科における具体的な操作を伴った密度の学習を受けて，10月に行われる比例の学習につなげるのである。数学の学習においては，1つの量が2倍，3倍に増えると，それに伴ってもう1つの量が2倍，3倍に増えるということだけではなく，変化の割合が一定であることを見いだして理解するよう指導するのである。この変化の割合の概念を，第1学年のフックの法則の実験の考察において活用できるよう指導することで，数学と理科の学習が教科等横断的に関係付けられ，学ぶ意義を見いだしたり深い学びになったりするのではないかと考えられる。数学で学んだ変化の割合の概念を活用する場面は，第2学年の5月に学習する定比例の法則や11月に学習するオームの法則がある。さらに，第3学年の5月に学習する斜面を下る台車の速さにおいても，変化の割合の概念を活用する場面がある。

　以上のように，中学校理科では，まず第1学年の密度の学習において，2つの量の関係を「関数的な見方・考え方」を働かせて，比の値が一定であることを具体的な操作を通して理解させることが大切である。そして，それを踏まえて，数学の比例の学習において，比例関係のある2つの量の変化の割合が一定であることを理科との教科等横断的な学習として取り組ませるのである。つまり，2つの量の関係を対応させて導出した変化の割合が一定であることを根拠に，比例関係を見いだして理解できるように指導するのである。このような，教科等横断的な学習を通して，深い学びが実現できるものと考える。

## 第6節　高等学校物理の力学の学習で働かせる「関数的な見方・考え方」

　高等学校物理の教科書は力学から始まる。教科書（啓林館，2012）の記述内容を引用しながら，その学習において働かせる「関数的な見方・考え方」の視点から，詳細な検討を加えてみる。図1-6（P40）は，第1章「物体の運動と釣り合い」の「第1節　平面内の運動」における，速度に関する説明であり，最も基礎的な内容の1つである。この学習において重要な概念の1つは，ベクトルである。ベクトルは，空間における大きさと方向を持った量であり，物体の位置は位置ベクトルで表す。もう1つは，平均の速度である。平均の速度は，単位時間当たりの位置ベクトルの変化（単位時間当たりの変位）であり，内包量である。図1-6（P40）では，時刻を示す時計マークで時間変化を表現することで，二次元の位置と時刻を同時に表現して平均の速度ベクトルを図示している。変位ベクトルを位置ベクトルの空間的，幾何学的な関係として捉える力が必要とされる。

　次に，同じ章の「第2節　放物運動」の斜方投射について見てみる。図1-6（P40）と同様，図1-7（P40）でも斜方投射の軌道を位置ベクトルの軌跡として座標平面に表し，時計マークで時刻を表現しているが，ここでは，点Oや点Pでの瞬間の速度がベクトルで図示されている。各地点での速度が，$x$方向

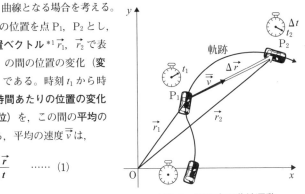

**A 速度** 物体の運動の道筋を**軌跡**という。図1のように，物体の軌跡が曲線となる場合を考える。

時刻 $t_1$, $t_2$ での物体の位置を点 $P_1$, $P_2$ とし，それぞれの位置を**位置ベクトル**[*1] $\vec{r_1}$, $\vec{r_2}$ で表す。時間 $\Delta t$ $(=t_2-t_1)$ の間の位置の変化（**変位**[*2]）は，$\Delta \vec{r}=\vec{r_2}-\vec{r_1}$ である。時刻 $t_1$ から時刻 $t_2$ までの間の**単位時間あたりの位置の変化**（**単位時間あたりの変位**）を，この間の**平均の速度**という。すなわち，平均の速度 $\vec{\bar{v}}$ は，

$$\vec{\bar{v}}=\frac{\Delta \vec{r}}{\Delta t} \quad \cdots\cdots (1)$$

▲図1 平面内の曲線運動

**図 1-6 位置ベクトルで平面内の曲線運動を示した高等学校物理の教科書の図**
(物理，啓林館，2012)

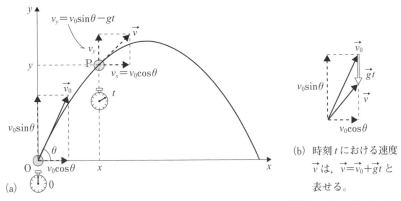

(b) 時刻 $t$ における速度 $\vec{v}$ は，$\vec{v}=\vec{v_0}+\vec{g}t$ と表せる。

**図 1-7 斜方投射の運動の分解と速度ベクトルを示した高等学校物理の教科書の図**
(物理，啓林館，2012)

と $y$ 方向で独立に運動の法則に則った速度として示されており，その和が速度ベクトルになることを示している。さらに，重力が存在する $y$ 方向にのみ速度変化（加速度）が生じ，それが初速度 $v_0$ と $v$ の差を生むことを示している。この図を理解するためには，二次元空間は一次独立の2つのベクトルで張ら

れ，それに伴い，変位や速度や加速度がその方向に分解でき，運動の法則もその方向で独立に成立し，逆にその和で二次元の変位や速度や加速度を再構成できることを理解しなければならない。この捉え方は，空間と時間が絡まった，生徒にとってハードルが高いものだと思われる。そして，この前段階として，中学校理科でも扱う，縦軸が変位 $x$ や速度 $v$ や加速度 $a$，横軸が時刻 $t$ のグラフの理解が大切になる。このグラフは時間変化（変化率）を示すものであり，力が働くか働かないかで時間との量の関係性を捉えることができる。

　以上を整理すると，斜方投射の学習において働かせる「見方・考え方」は，平面内の運動の表し方で述べた，「2つの量的な変数を座標平面で可視化して関係性を捉えられそうか（散布図，グラフなど）」「座標平面で分解したベクトルの量的な関係を，三角比でどのように捉えられそうか」や，「時間的・空間的な関係」の「事物・現象は時間とともにどのように変化しているか」「事物・現象はどのような空間的，幾何学的な関係として捉えられそうか」「時間的・空間的に変化する事物・現象は，二次元の座標平面でどのように捉えられそうか」になる。これらを中学校の時から段階を踏んで育むことで，高等学校物理の高度な「見方・考え方」につながることになる。

　以上，高等学校物理の平面内の運動を取り上げ，その学習の過程において，どのような「見方・考え方」を働かせられるかを検討した。その結果，前段階の基礎的な力学の学習も含めると，「2つの量的な関係を比の値や割合で捉える」「2つの量的な関係を座標平面で可視化する」「2つの量的な関係を幾何学的な図形で可視化する」「座標平面で分解したベクトルの成分の大きさを，三角関数で捉える」の4つを挙げることができた。

　これまで述べてきたように，「理科の見方・考え方」の下位に設定した，2つの量に関する学習において働く「見方・考え方」（表1-2：P15）は，高等学校物理の力学の学習においても働かせることができることを示した。高等学校物理の力学の学習においても，中学校理科のエネルギー領域の学習で働かせた「関数的な見方・考え方」を一貫して働かせられるよう指導することで，中学校教育の学習の成果が高等学校教育に円滑に接続されるとともに，計画的かつ継続的な教育課程の編成と授業の改善が期待できる。

## お わ り に

　本章では，まず，中央教育審議会の理科ワーキンググループが「理科の見方・考え方」として例示した，「質的・量的な関係」「時間的・空間的な関係」「原因と結果」「部分と全体」「多様性，共通性」「定性と定量」「比較，関係付け」の7つをそれぞれ上位とし，その下位に探究の過程や学習内容に応じて働かせられる，より細かい視点や考え方を設定した。次に，下位に設定した「見方・考え方」の中から，量に関する「見方・考え方」を抽出し，それらを片桐（2004）が提案する「数学的な考え方」と関連付けて検討し，数学と理科の学習を教科等横断的な視点で捉える際の要として，「関数的な見方・考え方」を位置付けられることを示した。さらに，中学校理科の密度，質量パーセント濃度，フックの法則，オームの法則等の学習において，数学と共有できる「関数的な見方・考え方」を働かせることで，教科等横断的な学習を行えることや，高等学校数学の微分や物理の力学の学習においても「関数的な見方・考え方」を働かせられることを示した。

　第2章以降，理科と数学の教科等横断的な学習の意義を明らかにするとともに，2つの量を「関数的な見方・考え方」で捉える理科授業を，理科と数学の教科等横断的な学習として教育課程に位置付け，その効果について検証する。

**引用文献**

1)　中央教育審議会（2007）『幼稚園，小学校，中学校，高等学校及び特別支援学校の学習指導要領等の改善及び必要な方策等について（答申）』32, 146。

2)　布施川博美・麻柄啓一（1989）「児童の速さ概念に関する教授心理学的研究」『千葉大学教育学部研究紀要』第37巻，第1号，55-66。

3)　銀林浩（1957）『量の世界・構造主義的分析』むぎ書房，101。

4)　銀林浩（1985）『わかる数学指導法事典』明治図書，172。

5)　平野顕一（1994）『日本大百科全書12』小学館，42-43。

6)　実教出版（2007）『新版数学Ⅱ』。

7)　片桐重男（2004）『数学的な考え方の具体と指導 ― 算数・数学科の真の学力向上を目指し

て―』明治図書，38-39。

8) 啓林館（2012）『物理』。

9) 小林辰至・永益泰彦（2006）「社会的ニーズとしての科学的素養のある小学校教員養成のための課題と展望―小学校教員志望学生の子どもの頃の理科学習に関する実態に基づく仮説設定のための指導法の開発と評価―」『科学教育研究』第30巻，第3号，185-193。

10) 國本景亀（1990）「関数的見方・考え方」，岩合一男（編）『算数・数学教育学』福村出版，104-114。

11) 麻柄啓一（1992）「内包量概念に関する児童の本質的なつまずきとその修正」『教育心理学研究』第40巻，第1号，20-28。

12) 文部省（1978）『小学校指導書算数編』大阪書籍，35。

13) 文部科学省（2008a）『中学校学習指導要領』東山書房，57。

14) 文部科学省（2008b）『中学校学習指導要領解説理科編』大日本図書，26-27, 30-31, 35, 43, 46-48, 80。

15) 文部科学省（2012）『平成24年度全国学力学習状況調査【中学校】報告書』12-13, 20。

16) 文部科学省（2018a）『中学校学習指導要領（平成29年告示）解説総則編』東山書房，3-5, 11, 40。

17) 文部科学省（2018b）『中学校学習指導要領（平成29年告示）』東山書房，78。

18) 文部科学省（2018c）『中学校学習指導要領（平成29年告示）解説数学編』日本文教出版，21, 50-51。

19) 文部科学省（2018d）『中学校学習指導要領（平成29年告示）解説理科編』学校図書，12。

20) 文部科学省（2018e）『小学校学習指導要領（平成29年告示）解説算数編』日本文教出版，9-10, 41, 48, 50, 52, 65-66。

21) 長崎栄三（2007）「数学的な考え方の再考」，長崎栄三・滝井章（編著）『算数の力―数学的な考え方を乗り越えて―』東洋館出版社，166-183。

22) 永瀬美帆（2003）「密度概念の質的理解の発達―均等分布理解と関係概念の定性的理解からの検討―」『教育心理学研究』第51巻，第3号，261-272。

23) 中島健三（1981）『算数・数学教育と数学的な考え方―その進展のための考察―』金子書房。

24) 中島健三（2015）『復刻版 算数・数学教育と数学的な考え方―その進展のための考察―』東洋館出版社，179。

25) 奈須正裕（2017）「中教審答申解説2017『社会に開かれた教育課程』で育む資質・能力」ぎょうせい，30-33。

26) 小倉金之助（1973）『数学教育の根本問題』勁草書房，291。

27) 斎藤裕（2009）「大学生の『物質の密度』理解度調査とそれに基づくその学習支援の方向

性」『県立新潟女子短期大学研究紀要』46，1-10。

28)　東京書籍（2012a）『新しい科学 1 年』72，100，165-166，170。

29)　東京書籍（2012b）『新しい科学 2 年』52-55，152-154，226-228。

30)　東京書籍（2012c）『新しい科学 3 年』96-103，122-133，130-132。

31)　遠山啓（1966）『関数の指導　中学校編』明治図書，24-25。

## 付記

本章は『上越教育大学研究紀要』第 39 巻，第 2 号（2020）に掲載された「『関数的な見方・考え方』を働かせた理科授業の改善に関する一考察 ― 数学と理科の教科等横断的な視点から ―」を書き直したものである。

# 第 **2** 章

## 理数学習の有用性に影響を及ぼす諸要因の因果モデル

— 初等教育教員養成課程学生を対象とした
質問紙調査に基づいて —

### はじめに

　近年，第4次産業革命ともいわれる，進化した人工知能（AI）がさまざまな判断を行ったり，身近な物の働きがインターネット経由で最適化されたりする時代の到来が，社会や生活を大きく変えていくとの予測がなされている。AIなどの急速な技術の進展により社会が激しく変化し，多様な課題が生じている今日，各教科等の学びを基盤としつつ，さまざまな情報を活用しながらそれを統合し，課題の発見・解決や社会的な価値の創造に結び付けていく資質・能力の育成が求められている（中央教育審議会，2021）。中学校学習指導要領（平成29年告示）解説総則編（文部科学省，2018a）では，言語能力，情報活用能力，問題発見・解決能力等の学習の基盤となる資質・能力や，現代的な諸課題に対応して求められる資質・能力の育成のために，教科等横断的な学習の充実が求められ，特定の教科等の指導だけではなく，教科の枠を越えたつながりを見いだすことが記された。

　また，2022年度より次期学習指導要領の高等学校理科に新たに共通教科として「理数」が位置付けられ，「理数探究」および「理数探究基礎」が科目として設けられる（文部科学省，2019）。これは，実生活，実社会における複雑な文脈の中に存在する事象などを対象として教科等横断的な課題を設定する点や，課題の解決に際して各教科等で学んだことを統合的に働かせながら，探究のプロセスを展開する点など，STEAM教育がねらいとするところと多

くの共通点があり（中央教育審議会，2021），欧米を中心に推進されている STEAM 教育等の国際的な教育の潮流を意識したものになっていると考えられる<sup>(注1)</sup>。

高等学校学習指導要領（平成 30 年告示）解説理数編（文部科学省，2019）では，理数科の目標として，「数学的な見方・考え方や理科の見方・考え方を組み合わせるなどして働かせ，探究の過程を通して，課題を解決するために必要な資質・能力を育成することを目指す」と明記されている。ここで，小学校・中学校・高等学校において育成を目指す資質・能力の教科等間・学校段階間のつながりや学習内容の系統性を踏まえると，土台となる小中学校において教科等横断的な学習の視点から，理科と算数・数学との関連の充実を図ることが重要であると考える。特に，中学校理科では，観察・実験の結果を分析し解釈する学習活動の充実を図ることは，思考力，表現力等の資質・能力を育成するためにも重要であり，そのためには，数値を処理することや，データを図，表，グラフなどの多様な形式で表したり，分析・解釈し，結果について考察したりするなどの知識・技能が必要となる。安藤・小原（2010）が理科と数学を関連させた授業の必要性を指摘するように，これら 2 教科は互いに関わりをもち，密接な関係にあると言える。

これまでにも理科と数学を関連付けた横断的な学習に関する研究は国内外でいくつか報告されている。まず，国外に目を向けると，理科と数学を関連付ける理論モデルや枠組みに関する研究（Lonning & DeFranco, 1997; Huntley, 1998; Frykholm & Glasson, 2005; Michelsen, 2006），理科と数学の横断的なカリキュラムや指導法に関する研究（Rutherford & Ahlgren, 1990; McBride & Silverman, 1991; Watanabe & Huntley, 1998; Basista & Mathews, 2002; Bossé, Lee, Swinson & Faulconer, 2010; So, 2013）があり，興味や理解が深まったり，科学的な探究や問題解決が促進されたりするといった学習効果が報告されている。次に，国内に目を向けると，理科と数学を関連付けた授業実践（桧元，2000；湯澤・山本，2002；山中・谷地元，2020）や，理科と数学の文脈依存性に関する研究（西川，1993；石井・箕輪・橋本，1996；今井・石井，2013），理科と数学の関連性について考察した研究（大西，

2009），理科と数学で共有できる共通の「見方・考え方」に着目した研究（第1章：山田ら，2020）がある。また，安藤・小原（2010）は，中学生が持つ数学と理科の学習に関する意識として4因子（「数学・理科学習の苦手」「数学学習の工夫」「数学と理科の関連性」「図形や関数の必要性」）を保有していること，両教科の関連性や論理的思考の共通化の必要性を意識していることを明らかにしている[注2]。さらに，高阪（2015）は，理科と数学の関連付けとその意義について，学習内容の統合プロセス，考え方の統合プロセス，学習内容の比較プロセス，考え方の比較プロセスの4つに分類するとともに，我が国では学習内容の比較プロセスが多く取り扱われていることを報告している。なお，学習内容の比較プロセスによる関連付けでは，より抽象的な比例の概念の形成が期待できるとしている。

　そこで本章では，高阪（2015）を参考に，具体的な理科の学習内容と抽象的な数学の学習内容とのつながりの構築を意図する学習内容の比較プロセス，および理科と数学の共通点と整列可能な差異（比較されている関係間の共通性により類似していない構成要素どうしが対応関係に置かれることによって生じる差異）から関連付け，異なった考え方を用いて各教科で扱う対象の考察を行うといった，抽象度の違う文脈で考え方を用いる考え方の比較プロセスによる関連付けを「理科と数学の教科等横断的な学習」と定義とした。

　これまで述べてきたように，理科と数学の関連性や授業実践について数多くの先行研究があり，いずれも連携の必要性が強く指摘されている。しかし，これら2教科間には多くの類似点や共通点があるにもかかわらず，教科の枠組みに囚われすぎ，諸外国に比べ融合的なカリキュラムが少なく，理数教育の充実が未だ不十分である（安藤，2015）。また，高阪（2015）は，理科と数学を関連付ける意義とその方法が明らかになりつつあるとしながらも，これらを関連付ける枠組みがさまざまな視点から議論されてきたために，その意義が不明瞭になっていると指摘し，理科と数学を関連付けるカリキュラム開発のための方法と意義との対応関係を示す重要性を述べている。

　以上のことから，理数教育の充実を図るには，「理科と数学の教科等横断的な学習」の意義を明らかにするとともに，その認識を共有し強めていくこと，

その上で，関連性を考慮した授業の展開例を具体的に示していくことが必要であると考えられる。

　ところで，「理科と数学の教科等横断的な学習」の必要性が強く言われているが，学習者にとってどのような効果や意義があるのだろうか。筆者は後述の先行研究より，「理数の関連性の意識化」「学習方略」「自己効力感」「理数学習の有用性」が挙げられると考えた。橋本（2018）は，理数学習の共通性への「気づき」を高めることは，問題解決能力を高めさせる手だての１つであるとしている。山中・谷地元（2020）は，「理科と算数の教科横断的な指導の設定が，新学習指導要領の理科で求められる思考力・判断力・表現力としての問題解決の力の育成や，前提として働かせる考え方を豊かで確かなものにする点で有効である」と述べている。加えて，「学習者が，算数の学習で学んだことが理科で学ぶ内容や身近な自然と関連していることを意識することで，算数を学ぶ意義や有用性の理解につながることが期待できる」としている。金井・小川・山田（2020）は，オームの法則の授業において，「関数的な見方・考え方」を取り入れながら数学と理科で連携することで，比の値を求め，グラフ化し，傾きの意味を考えるといった，理数共通の学習方略を用いることが可能となり，生徒の理解を助けたことを報告している。小原（2015）は，フィボナッチ数列を題材とした数学と理科を連携させた授業を行った結果，指導の有効性として数学と理科の関連性を気付かせること，そして，数学の有用性を認識させることを明らかにしている。STEM の授業実践と質問紙調査を行った小島・谷塚・村松（2021）は，学びの有用感や問題解決に関わる自己効力感の向上が認められたとしている。加えて，森・髙橋（2015）は，自己効力感と学習方略との間に有意な相関が認められること，学習方略が自己効力感に間接的に有意な影響を及ぼしていることを明らかにしている。さらに，１つの教科もしくは単元における自己効力感の向上が，他の教科や単元の学習に転移すると考えられると述べていることから，教科等横断的な学習の充実に向けて，自己効力感の向上は重要であると判断した。

　これらを俯瞰的に捉えると，「理科と数学の教科等横断的な学習」の効果や意義として，理数の学習内容の「関連性の意識化」，理数共通の「学習方略」

の習得・活用，「自己効力感」の高まりが考えられ，それらの学習経験の蓄積により，「理数学習の有用性」へとつながっていくものと考えた。そこで本章では，「理科と数学の教科等横断的な学習」が「理数の関連性の意識化」「学習方略」および「自己効力感」を媒介し，「理数学習の有用性」に影響を及ぼすという因果モデルを仮定し，その妥当性について検討することを第一の目的とした（図 2-1）。さらに，理科と数学の好き嫌いが，抽出された各因子にどのような影響を及ぼしているのか，その傾向を明らかにすることを第二の目的とした。

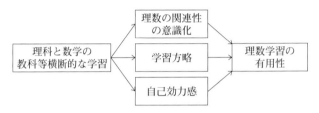

**図 2-1　本章で検討する因果モデル**

## 第 1 節　調査対象と時期

　新潟県内の国立大学法人上越教育大学に在籍する初等教育教員養成課程学生 229 名を調査対象とし(注3)，2021 年 6 月中旬に質問紙調査を行った。分析は回答に不備があった 15 名を除く 214 名について行った。なお，本章では，国立大学法人上越教育大学に在籍する初等教育教員養成課程の大学生および大学院生（以下，初等教育教員養成課程学生と表記）の「理科と数学の教科等横断的な学習の意義」の意識を調査することとした。その理由は，多くの学生が数年後には教員になることを目指しており，現行の学習指導要領が行われる学校現場で，教科等横断的な学習の観点を取り入れた理科教育の実践が期待されることから，まず彼ら自身に「理科と数学の教科等横断的な学習の意義」を認識させる必要があると考えたからである。

## 第 2 節　質問紙の作成

　作成した質問紙を表 2-1（P51）に示す。大問 1 は安藤・小原（2010）を参考に，理科と数学の学習の好き嫌いに関する項目を設定した。大問 2 は，「理科と数学の教科等横断的な学習の意義」に関する 69 項目を設定した。具体的には，理数の関連性の意識化に関わる 27 項目，学習方略に関わる項目 12 項目，自己効力感に関わる 9 項目，理数学習の有用性に関わる 9 項目，他に教科等横断的な学習への興味・関心 9 項目，学習に対する粘り強さ 3 項目で構成された質問紙を作成した。

　回答方法は，大問 1 については 1 から 4 のいずれかを選択させ，選択肢 1（理科も数学も，両方とも好きな教科である）を選んだ学生を I 群，選択肢 2（数学は好きだが，理科はあまり好きではない）を選んだ学生を II 群，選択肢 3（理科は好きだが，数学はあまり好きではない）を選んだ学生を III 群，選択肢 4（理科も数学も，あまり好きな教科ではない）を選んだ学生を IV 群とし，各群の人数を集計した。大問 2 については，「5. あてはまる」「4. 少しあてはまる」「3. どちらでもない」「2. あまりあてはまらない」「1. あてはまらない」の 5 件法で回答を求め，順に 5 点から 1 点の得点に換算して集計した。

　なお，各項目の内容や文章表現の妥当性については，理科教育学研究者 2 名，教職経験 13 年以上の経験豊富な現職派遣教員の大学院生 3 名，理科教育学を専門とする大学院生 1 名の計 6 名で検討を行った。

### 2−1　理数の関連性の意識化を測定する尺度

　第 1 章(山田ら，2020)では，理科と数学はともに量の関係を扱うことから，理科と数学の共通の要となる「見方・考え方」として「関数的な見方・考え方」を位置付けている。また，小倉（1996）の研究からも理科と数学を関連付ける際には関数領域が核となることが知られている。そこで，中学校学習指導要領（平成 29 年告示）解説数学編（文部科学省，2018b）および理科編（文部科学省，2018c）に記載されている目標や，育成を目指す資質・能力ならびに

## 表2−1　理科と数学の教科等横断的な学習の意義に関する意識調査の内容と結果

**大問1　次の1～4のうち、あなたはどれに当てはまりますか**

| No. | 項目 | 人数 |
|---|---|---|
| 1 | 数学も理科も好きな教科である | 55 |
| 2 | 数学は好きだが、理科はあまり好きではない | 40 |
| 3 | 理科は好きだが、数学はあまり好きではない | 53 |
| 4 | 数学も理科も、あまり好きな教科ではない | 66 |

**大問2　次の質問について、あなたに一番あてはまる番号1つに○をつけてください**

| No. | 項目 | 平均値 | 標準偏差 |
|---|---|---|---|
| 1 | 理科の学習について、数学で学習したことを使って考えようとすることがある | 3.74 | 1.21 |
| 2 | 数学の学習について、理科で学習したことを使って考えようとすることがある | 2.70 | 1.29 |
| 3 | 理科の学習で、関係性や規則性を数学の式で表そうとしている | 3.32 | 1.31 |
| 4 | 理科の学習で、数学の式がどのような数学的性質を表すのかを考えている | 3.77 | 1.24 |
| 5 | 理科の内容と関連した数学の内容を学ぶとき、今まで習った単元の | 3.44 | 1.17 |
| 6 | ある方法で解決できないときは、別の方法で解決してみる | 3.82 | 1.01 |
| 7 | 数学の学習で、新しい内容を学ぶときは、今まで習った単元の | 3.99 | 1.08 |
| 8 | 数学の学習で、ある方法で解決できないときは、別の方法で解決してみる | 4.37 | 0.79 |
| 9 | 理科の学習で、どのような関係性や規則性が見いだせるかを考える | 3.71 | 1.07 |
| 10 | 理科の実験で、何が原因かを考えるようにしている | 4.04 | 0.93 |
| 11 | 理科の実験で、結果がどのようになるかを考えるようにしている | 4.14 | 0.93 |
| 12 | ある数量Aが変化するとき、その原因が何であるのかを考えるようにしている | 3.93 | 1.01 |
| 13 | 伴って変わる2つの数量AとBについて、AとBの間にはどんな関係があるかを考える | 3.99 | 1.03 |
| 14 | 伴って変わる2つの数量AとBについて、Aが変化すると、Bがどのように変化するかを考える | 3.92 | 0.98 |
| 15 | 伴って変わる2つの数量AとBについて、Aを決めるとBも決まるときは、AとBの関係を調べる | 3.78 | 1.08 |
| 16 | 伴って変わる2つの数量AとBについて、AとBの関係を式で表す | 3.76 | 1.11 |
| 17 | 伴って変わる2つの数量AとBについて、AとBの関係を表やグラフで表す | 3.62 | 1.19 |
| 18 | 伴って変わる2つの数量AとBについて、表やグラフから変化の特徴を読み取る | 3.77 | 1.10 |
| 19 | 今後の変化を予測することができる | 3.28 | 1.34 |
| 20 | ものごとを数値化して考えるようにしている | 2.68 | 1.26 |
| 21 | 関係性を数式化して表すことに、興味がある | 3.22 | 1.16 |
| 22 | ものごとを数値化して表すことは、得意だ | 2.86 | 1.32 |
| 23 | 関係性を数式で表すことは、私の将来の役に立つ | 2.42 | 1.19 |
| 24 | 関係性を数式で表すことに、興味がある | 2.91 | 1.21 |
| 25 | 表やグラフを用いて情報を整理することは、得意だ | 3.40 | 1.22 |
| 26 | 表やグラフを用いて情報を整理することは、私の将来の役に立つ | 2.96 | 1.25 |
| 27 | 問題の解決方法を予測し、実験することに、興味がある | 3.64 | 1.19 |
| 28 | 問題の解決方法を予測して確かめることは、得意だ | 3.54 | 1.21 |
| 29 | 問題の解決方法を予測して確かめることは私の将来の役に立つ | 3.07 | 1.15 |
| 30 | 共通点を探し、仲間分けすることに、興味がある | 3.57 | 1.15 |
| 31 | 共通点を探し、仲間分けすることは、得意だ | 4.01 | 1.00 |
| 32 | 共通点を探し、仲間分けすることは | 3.50 | 1.15 |
| 33 | 共通点を探し、仲間分けすることは、私の将来の役に立つ | 3.59 | 1.10 |
| 34 | 条件の異なる2つを比較することに、興味がある | 3.77 | 1.07 |
| 35 | 条件の異なる2つを比較することは、得意だ | 3.30 | 1.14 |
| 36 | 条件の異なる2つを比較することは、私の将来の役に立つ | 3.38 | 1.07 |
| 37 | 決められた条件の中で、最適な解決方法を考えることに、興味が | 3.80 | 1.14 |
| 38 | 決められた条件の中で、最適な解決方法を考えることは、得意だ | 3.16 | 1.15 |
| 39 | 決められた条件の中で、最適な解決方法を考えることは、私の | 3.93 | 1.11 |
| 40 | 実際に作ったり試したりすることに、興味がある | 3.95 | 1.16 |
| 41 | 実際に作ったり試したりすることは、得意だ | 3.38 | 1.21 |
| 42 | 実際に作ったり試したりすることは、私の将来の役に立つ | 3.76 | 1.09 |
| 43 | より良い解決方法になるように、方法の改善、修正を行うことに、興味がある | 3.85 | 1.04 |
| 44 | より良い解決方法になるように、方法の改善、修正を行うことは、得意だ | 3.23 | 1.19 |
| 45 | より良い解決方法になるように、方法の改善、修正を行うことは、私の | 4.05 | 1.04 |
| 46 | 興味がある分野の勉強は、粘り強く取り組める | 3.83 | 1.13 |
| 47 | 難しくても、得意な分野の勉強は、粘り強く取り組める | 3.94 | 1.08 |
| 48 | 難しくても、自分の将来の役に立つと感じる勉強は、粘り強く取り組める | 3.81 | 1.08 |
| 49 | 理科の学習では、数学の知識が必要な場面が多くある | 3.92 | 0.98 |
| 50 | 数学や理科では、数学の計算力が必要である | 4.03 | 0.93 |
| 51 | 理科の成績をあげるには、数学の学習が必要である | 4.15 | 1.03 |
| 52 | 数学の成績をあげるには、論理的に考えることが必要だと思う | 3.47 | 1.14 |
| 53 | 理科の実験では、長々グラフなどで表すことが分かりやすい | 3.85 | 1.00 |
| 54 | 理科の実験で得られたデータを表すとき、数学の知識が | 4.40 | 0.80 |
| 55 | 必要である | 3.89 | 0.98 |
| 56 | 自然現象などについて考えるとき、予測したり見積もったりする必要があると思う | 3.69 | 1.01 |
| 57 | 関数を学ぶことは、未知の事柄を予測するために役立つ | 3.31 | 1.12 |
| 58 | 理科の勉強をするとき、私はその内容を頭の中に思い浮かべながら進めている | 3.47 | 1.18 |
| 59 | 理科の勉強をするとき、学習する内容を別の言葉に言いかえて勉強している | 3.64 | 1.14 |
| 60 | 私は前に習った内容を思い出しながら、理科の勉強を進めている | 3.27 | 1.18 |
| 61 | 理科の勉強をするとき、私は何が分かになったかをこえて理解の内容を覚えるように | 3.41 | 1.17 |
| 62 | 理科の試験前には、私はノートや教科書を見直してまとめて勉強している | 3.18 | 1.33 |
| 63 | 理科の勉強をするとき、私は教科書やノートの内容をまとめている | 3.42 | 1.27 |
| 64 | 私が理科の勉強をするときは、同じ内容は私は忘れないように何度も繰り返している | 3.73 | 1.68 |
| 65 | 理科の勉強では、私は内容をグループや順序に分けて進めている | 3.32 | 1.18 |
| 66 | 理科の勉強をするとき、私は学習する内容の順序を考えてから進める | 3.18 | 1.20 |
| 67 | 理科の勉強をするときは、私は学習する内容を図や表に書き直して進めている | 3.10 | 1.24 |
| 68 | 私が理科の教科書やノートを読むときは、今まで習ったことと結びつけている | 3.23 | 1.23 |
| 69 | 私が理科の勉強をするときは、今まで習ったことあれこれ結びつけるようにしている | 3.60 | 1.18 |

平成30年度全国学力・学習状況調査【中学校】報告書（国立教育政策研究所，2018）に整理されている指導改善のポイントに基づき，理科と数学に共通する数量関係についての意識の傾向を測定する18項目を作成した。

　さらに，安藤・小原（2010）は，中学生が持つ数学と理科の学習に関する意識を調査し，「数学・理科学習の苦手」「数学学習の工夫」「数学と理科の関連性」「図形や関数の必要性」の4因子を抽出している。これらの中から，「理科と数学の関連性」に関わる7項目，「図形や関数の必要性」に関わる2項目，計9項目を用いた。

## 2−2　学習方略を測定する尺度

　鈴木（1999）は，理科の学習場面における自己効力感，学習方略，学業成績の関係を分析するために，各測定尺度を作成している。その1つである「理科教育用学習方略測定尺度」の中から，イメージや既知の知識を加えることによって学習材料を身に付けやすい形に変換し，内容を関係付ける「精緻化方略」尺度と，学習材料の各要素を何らかの関係や規則に基づいてグループ分けしたり両者を関係付けたりする「体制化方略」尺度，計12項目を用いた。

## 2−3　自己効力感，理数学習の有用性を測定する尺度

　小島ら（2021）は，30項目からなる質問紙調査を行っている。これらの質問項目の内容は，「STEM関連教科における問題解決に関する自己認識」として，STEM教育を構成する各領域に関連する教科固有の学習方略を抽出し，それら教科固有の方略が自己効力感や学びの有用性にどのように影響を及ぼすかを検証している。「はじめに」で述べたように，学習方略と自己効力感との間には有意な相関ならびに因果関係が認められることを踏まえ（森・髙橋，2015），本章においても自己効力感を測定する尺度を盛り込むこととした。なお，小島ら（2021）では因子分析が行われていないため，下位尺度は明らかにされていない。また，質問項目の中には，興味・関心（9項目）や学習に対する粘り強さ（3項目）を測定するものも含まれているが，そのまま用いることとした。

## 第3節　質問紙の分析方法

### 3−1　質問項目の処理

　統計解析ソフト SPSS 28 Advanced Statistics を用いて，欠損値を含むデータ 15 名分を除いた 214 名の集計結果を基に，まず，質問項目の回答を集計し，大問 1 は 1 から 4 それぞれの回答人数を求めた。次に，大問 2 の問 1 から問 69 については，得点の平均値と標準偏差を算出し，天井効果と床効果が見られるかを調べた。

### 3−2　因子分析，因子間の相関分析，パス図の作成とパス解析

　固有値が 1 以上，因子負荷量が .40 に満たない項目および複数の項目に因子負荷量が高い項目を除外することを基準に因子分析を行うとともに（主因子法・Promax 回転），因子間の相関（Pearson の積率相関係数）を求めた。さらに，仮定した因果モデルを参考にしながら，分析には因子得点を，パラメータの推定には最尤法を用いてパス図の作成とパス解析を繰り返し行い，因果関係の構造の妥当性や相互に及ぼし合う影響の大きさを分析した。

### 3−3　理科と数学の好き嫌いによる因子得点の差の検討

　得られた因子の因子得点を，理科と数学の好き嫌い別の各群間で比較するために，各群を独立変数，因子分析から得られた因子得点を従属変数とする分散分析および Bonferroni 法による多重比較を行った。


## 第4節　質問紙調査の結果と考察

### 4−1　大問 1 における集計結果

　大問 1 について，各群の人数を集計した結果，Ⅰ群（理科も数学も，両方とも好き）は 55 人，Ⅱ群（数学は好きだが，理科は好きではない）は 40 人，Ⅲ

群（理科は好きだが，数学は好きではない）は53人，Ⅳ群（理科も数学も，どちらも好きではない）は66人であった。各群の人数に有意な偏りは見られなかった（$\chi^2(3) = 6.37$, *n.s.*）。

## 4−2　大問2における因子分析の結果

　大問2の問1から問69の平均値と標準偏差を基に，天井効果が見られた13項目（問4，7，8，11，13，31，39，40，45，47，51，54，64）を除外した。次に，残りの56項目に対して因子分析を行った。固有値の変化や因子負荷量，因子の解釈可能性を考慮し，6因子構造が妥当と考えられ，6因子を仮定して因子分析を行った。分析においては，因子負荷量が.40を下回った項目を分析から除外しながら複数回（計6回）行った。この過程で13項目（問2，3，5，26，46，48，56，57，58，59，60，61，69）が除外された。回転後の6因子で最終的に残った43項目の全分散を説明する割合は47.95%であった。また，各因子について算出したα係数も十分な内的整合性が得られ，質問項目の妥当性と信頼性が認められたので，その結果を最終的な因子パターンとした。回転後の最終的な因子パターンと因子間相関を表2-2に示す。

　第1因子（α=.91）は，10項目で構成されており，「35.条件の異なる2つを比較することは，得意だ」「32.共通点を探し，仲間分けすることは，得意だ」「38.決められた条件の中で，最適な課題の解決方法を考えることは，得意だ」など，問題解決に向けた方法や見方・考え方の働かせ方に関する内容の項目が高い負荷量を示していた。そこで，この因子を「問題解決への意識」と命名した。

　第2因子（α=.91）は，10項目で構成されており，「14.伴って変わる2つの数量AとBについて，Aが変化すると，Bがどのように変化するのか考えるようにしている」「15.伴って変わる2つの数量AとBの関係について，Aを決めるとBも決まるという規則性を使って考えるようにしている」など，理科と数学で共通する2数量の関係や関数関係の考え方についての内容の項目が高い負荷量を示していた。そこで，この因子を「関数的な見方・考え方」と命名した。

## 表2-2　因子分析の結果

| 質問項目 | 因子1 | 因子2 | 因子3 | 因子4 | 因子5 | 因子6 |
|---|---|---|---|---|---|---|
| **因子1：問題解決への意識（*a*=.91）** | | | | | | |
| 35.　条件の異なる2つを比較することは，得意だ | .83 | .01 | -.11 | .03 | -.11 | .10 |
| 32.　共通点を探し，仲間分けすることは，得意だ | .76 | .04 | -.15 | .13 | -.02 | .01 |
| 38.　決められた条件の中で，最適な課題の解決方法を考えることは，得意だ | .74 | .16 | -.03 | -.02 | -.08 | -.08 |
| 34.　条件の異なる2つを比較することに，興味がある | .73 | -.06 | .03 | .12 | .01 | -.04 |
| 29.　問題の解決方法を予想し，実験して確かめることは，得意だ | .68 | .12 | -.17 | -.11 | .04 | .26 |
| 44.　よりよい解決方法になるように，方法の改善，修正を行うことは，得意だ | .67 | .10 | .06 | .01 | -.07 | -.05 |
| 41.　実際に作ったり試したりすることは，得意だ | .57 | -.15 | -.06 | -.02 | .08 | .14 |
| 28.　問題の解決方法を予想し，実験して確かめることに，興味がある | .55 | .01 | .11 | -.12 | .10 | .16 |
| 37.　決められた条件の中で，最適な課題の解決方法を考えることに，興味がある | .53 | .09 | .24 | -.09 | .02 | -.05 |
| 43.　よりよい解決方法になるように，方法の改善，修正を行うことに，興味がある | .49 | .04 | .34 | .04 | -.06 | -.10 |
| **因子2：関数的な見方・考え方（*a*=.91）** | | | | | | |
| 14.　伴って変わる2つの数量AとBについて，Aが変化すると，Bがどのように変化するのか考えるようにしている | -.14 | .92 | .03 | .01 | -.09 | .02 |
| 15.　伴って変わる2つの数量AとBの関係について，Aを決めるとBも決まるという規則性を使って考えるようにしている | .04 | .89 | -.09 | -.02 | -.12 | .06 |
| 12.　ある数量Aが変化するとき，その原因が何であるのかを考えるようにしている | .04 | .78 | .06 | -.02 | -.01 | -.09 |
| 17.　伴って変わる2つの数量AとBの関係を式で表すようにしている | -.09 | .67 | -.07 | .05 | .05 | .22 |
| 10.　理科の実験で，何が原因かを考えるようにしている | .22 | .65 | .06 | -.05 | -.01 | -.20 |
| 18.　伴って変わる2つの数量AとBについて，表やグラフから変化の特徴を読み取り，今後の変化を予測するようにしている | .05 | .65 | -.06 | .03 | .10 | .09 |
| 16.　伴って変わる2つの数量AとBについて，AとBの関係を調べるために，表やグラフを用いるようにしている | .02 | .61 | -.03 | .12 | .10 | .04 |
| 9.　理科の学習で，どのような関係性や規則性が見いだせるかを考えるようにしている | .27 | .51 | .02 | .03 | -.05 | -.04 |
| 1.　理科の学習で，数学で学習したことを使って考えようとすることがある | -.04 | .47 | .02 | .03 | .27 | -.01 |
| 6.　理科の問題で，ある方法で解決できないときは，別の方法を試してみるようにしている | .29 | .42 | .12 | -.06 | .06 | -.07 |
| **因子3：理数学習の有用性（*a*=.89）** | | | | | | |
| 27.　表やグラフを用いて情報を整理することは，私の将来の役に立つ | -.09 | .07 | .87 | .02 | -.03 | -.10 |
| 21.　ものごとを数値化して考えることは，私の将来の役に立つ | -.19 | .04 | .86 | -.06 | -.12 | .19 |
| 24.　関係性を数式で表すことは，私の将来の役に立つ | -.25 | -.03 | .71 | .07 | -.05 | .43 |
| 33.　共通点を探し，仲間分けすることは，私の将来の役に立つ | .33 | -.03 | .53 | .05 | .08 | -.14 |
| 36.　条件の異なる2つを比較することは，私の将来の役に立つ | .39 | -.17 | .52 | .09 | .07 | -.10 |
| 25.　表やグラフを用いて情報を整理することに，興味がある | .13 | -.01 | .51 | .12 | -.02 | .09 |
| 42.　実際に作ったり試したりすることは，私の将来の役に立つ | .32 | -.13 | .50 | -.16 | .06 | .09 |
| 30.　問題の解決方法を予想し，実験して確かめることは私の将来の役に立つ | .38 | -.01 | .44 | -.03 | .10 | -.04 |
| **因子4：理科における学習方略（*a*=.84）** | | | | | | |
| 62.　理科の試験前には，私はノートを自分なりにまとめ直して勉強している | -.14 | -.02 | .02 | .79 | .06 | -.04 |
| 63.　理科の勉強するとき，私は教科書やワークの内容をノートにまとめている | -.16 | .05 | .08 | .72 | .11 | -.09 |
| 67.　理科を勉強するとき，私は学習する内容を図や表に書き直して進めている | .20 | .02 | -.11 | .68 | -.03 | .05 |
| 68.　私が理科の教科書やワークを読むときは，その内容の大すじをまとめるようにしている | .23 | -.08 | .00 | .67 | -.11 | .00 |
| 66.　理科の勉強をするとき，私は学習する内容の順序を決めてから進めている | .09 | .03 | -.05 | .60 | .02 | .05 |
| 65.　理科の勉強では，私は似たような内容をグループに分けて進めている | .00 | .14 | .10 | .49 | -.05 | .07 |
| **因子5：理科学習での数学の必要性（*a*=.83）** | | | | | | |
| 52.　理科の成績を上げるためには，数学の学習が必要である | .04 | -.13 | -.13 | -.04 | .86 | .07 |
| 53.　数学と理科の学習は，関連性が強いと思う | .05 | -.03 | -.09 | .04 | .83 | .03 |
| 50.　理科の学習には，数学の計算力が必要なことが多い | -.21 | .13 | .12 | .01 | .64 | -.03 |
| 49.　理科の学習では，数学の知識が必要な場面が多くある | -.11 | .21 | .09 | -.04 | .64 | -.08 |
| 55.　理科の実験で得られたデータを客観的に示すためには，数学の知識が必要である | .12 | -.09 | -.05 | .09 | .58 | -.02 |
| **因子6：数式化・数値化の意識（*a*=.89）** | | | | | | |
| 23.　関係性を数式で表すことは，得意だ | .05 | .04 | .01 | .04 | -.05 | .83 |
| 22.　関係性を数式で表すことに，興味がある | -.02 | -.06 | .12 | .07 | .03 | .80 |
| 20.　ものごとを数値化して考えることは，得意だ | .22 | .08 | .06 | -.12 | .01 | .68 |
| 19.　ものごとを数値化して考えることに，興味がある | .17 | .15 | .12 | -.01 | .11 | .43 |

| 因子間相関 | | | | | | |
|---|---|---|---|---|---|---|
| 因子1 | － | | | | | |
| 因子2 | .60 | － | | | | |
| 因子3 | .56 | .38 | － | | | |
| 因子4 | .39 | .40 | .26 | － | | |
| 因子5 | .33 | .40 | .43 | .21 | － | |
| 因子6 | .47 | .42 | .42 | .21 | .36 | － |

　第3因子（α＝.89）は，8項目で構成されており，「27. 表やグラフを用いて情報を整理することは，私の将来の役に立つ」「21. ものごとを数値化して考えることは，私の将来の役に立つ」など，理科と数学における学習方略の有用性に関する内容の項目が高い負荷量を示していた。そこで，この因子を「理数学習の有用性」と命名した。

　第4因子（α＝.84）は，6項目で構成されており，「62. 理科の試験前には，私はノートを自分なりにまとめ直して勉強している」「63. 理科の勉強をするとき，私は教科書やワークの内容をノートにまとめている」など，理科の勉強方法や学習方略に関する内容の項目が高い負荷量を示していた。そこで，「理科における学習方略」と命名した。

　第5因子（α＝.83）は，5項目で構成されており，「52. 理科の成績を上げるためには，数学の学習が必要である」「50. 理科の学習には，数学の計算力が必要なことが多い」など，理科学習における数学の知識・技能の必要性に関する内容の項目が高い負荷量を示していた。そこで，この因子を「理科学習での数学の必要性」と命名した。

　第6因子（α＝.89）は，4項目で構成されており，「23. 関係性を数式で表すことは，得意だ」「20. ものごとを数値化して考えることは，得意だ」といった，学習内容や事象を定量的に数式化・数値化する意識を示す内容の項目が高い負荷量を示していた。そこで，この因子を「数式化・数値化の意識」と命名した。

## 4-3　6因子間の相関分析

　表2-3（：P57）に示したように，15の因子間で有意な正の相関が認められた。その中で，因子1「問題解決への意識」と因子2「関数的な見方・考え方」（$r=.64$）で最も強い正の相関が示された。次いで，因子1「問題解決への意識」と因子3「理数学習の有用性」（$r=.60$）で強い正の相関が示された。以下，残りの因子間の相関について，因子1から順に見ていく。

　・因子1「問題解決への意識」との相関については，因子4「理科における学習方略」（$r=.43$），因子5「理科学習での数学の必要性」（$r=.36$），因

表2-3　相関分析の結果（Pearson の積率相関係数）

|  | 因子1 | 因子2 | 因子3 | 因子4 | 因子5 | 因子6 |
|---|---|---|---|---|---|---|
| 因子1 | – |  |  |  |  |  |
| 因子2 | .64** | – |  |  |  |  |
| 因子3 | .60** | .42** | – |  |  |  |
| 因子4 | .43** | .44** | .29** | – |  |  |
| 因子5 | .36** | .43** | .47** | .24** | – |  |
| 因子6 | .52** | .54** | .47** | .24** | .40** | – |

注）因子1「問題解決への意識」，因子2「関数的な見方・
　　考え方」，因子3「理数学習の有用性」，因子4「理科
　　における学習方略」，因子5「理科学習での数学の必要
　　性」，因子6「数式化・数値化の意識」をそれぞれ示す。
　　$^{**}p<.01$

　　子6「数式化・数値化の意識」（$r=.52$）との間にそれぞれ正の相関が示
　　された。
・因子2「関数的な見方・考え方」との相関については，因子3「理数学習
　の有用性」（$r=.42$），因子4「理科における学習方略」（$r=.44$），因子5
　「理科学習での数学の必要性」（$r=.43$），因子6「数式化・数値化の意識」
　（$r=.54$）との間にそれぞれ正の相関が示された。
・因子3「理数学習の有用性」との相関については，因子4「理科における
　学習方略」（$r=.29$），因子5「理科学習での数学の必要性」（$r=.47$），因
　子6「数式化・数値化の意識」（$r=.47$）との間にそれぞれ正の相関が示
　された。
・因子4「理科における学習方略」との相関については，因子5「理科学習
　での数学の必要性」（$r=.24$），因子6「数式化・数値化の意識」（$r=.24$）
　との間にそれぞれ正の相関が示された。
・因子5「理科学習での数学の必要性」との相関について，因子6「数式
　化・数値化の意識」（$r=.40$）と正の相関が示された。

## 4-4　重回帰分析

　6因子が相互に及ぼす影響を検討するために，因子1「問題解決への意識」，因子2「関数的な見方・考え方」，因子3「理数学習の有用性」，因子4「理科における学習方略」，因子5「理科学習での数学の必要性」，因子6「数式化・数値化の意識」の各因子を従属変数とした重回帰分析を行った。その結果を表2-4（P59）に示す。

- ・因子1「問題解決への意識」は，因子2「関数的な見方・考え方」（$\beta$ =.38, $p$<.001），因子3「理数学習の有用性」（$\beta$=.38, $p$<.001），因子4「理科における学習方略」（$\beta$=.14,, $p$<.001），因子6「数式化・数値化の意識」（$\beta$=.13, $p$<.01）とそれぞれ正の関連が示された。
- ・因子2「関数的な見方・考え方」は，因子1「問題解決への意識」（$\beta$=.43, $p$<.001），因子4「理科における学習方略」（$\beta$=.18, $p$<.01），因子5「理科学習での数学の必要性」（$\beta$=.19, $p$<.01），因子6「数式化・数値化の意識」（$\beta$=.25, $p$<.001）とそれぞれ正の関連が示された。
- ・因子3「理数学習の有用性」は，因子1「問題解決への意識」（$\beta$=.48, $p$<.001），因子5「理科学習での数学の必要性」（$\beta$=.27, $p$<.001），因子6「数式化・数値化の意識」（$\beta$=.17, $p$<.01）とそれぞれ正の関連が示された。
- ・因子4「理科における学習方略」は，因子1「問題解決への意識」（$\beta$=.25, $p$<.01）および因子2「関数的な見方・考え方」（$\beta$=.29, $p$<.01）とそれぞれ正の関連が示された。
- ・因子5「理科学習での数学の必要性」は，因子2「関数的な見方・考え方」（$\beta$=.27, $p$<.01）および因子3「理数学習の有用性」（$\beta$=.35, $p$<.001）とそれぞれ正の関連が示された。
- ・因子6「数式化・数値化の意識」は，因子1「問題解決への意識」（$\beta$=.18, $p$<.05），因子2「関数的な見方・考え方」（$\beta$=.32, $p$<.001）および因子3「理数学習の有用性」（$\beta$=.20, $p$<.01）とそれぞれ正の関連が示された。

## 表2-4　重回帰分析（強制投入法）の結果

|  | 因子1 | 因子2 | 因子3 | 因子4 | 因子5 | 因子6 |
|---|---|---|---|---|---|---|
| 因子1 | － | .43*** | .48*** | .25** | -.11 | .18* |
| 因子2 | .38*** | － | -.11 | .29** | .27** | .32*** |
| 因子3 | .38*** | -.10 | － | .04 | .35*** | .20** |
| 因子4 | .14*** | .18** | .03 | － | .03 | -.07 |
| 因子5 | -.07 | .19** | .27*** | .04 | － | .12 |
| 因子6 | .13** | .25*** | .17** | -.08 | .14 | － |
| 調整済 $R^2$ | .56** | .51** | .45** | .22** | .29** | .37** |

> 注）因子1「問題解決への意識」，因子2「関数的な見方・考
> え方」，因子3「理数学習の有用性」，因子4「理科にお
> ける学習方略」，因子5「理科学習での数学の必要性」，
> 因子6「数式化・数値化の意識」をそれぞれ示す。
> 数値は標準回帰係数（$\beta$）を示す。$^{***}p<.001$，$^{**}p<.01$，
> $^{*}p<.05$

### 4－5　パス図の作成とパス解析

　上述した相関分析と重回帰分析の結果を踏まえ，6因子がどのように影響を及ぼし合っているのか因果モデルを検討した結果，図2-2（P60）に示すモデルが得られた。本因果モデルの適合度を検討したところ，$\chi^2$値は4.627（自由度4），$p$値は.328，適合度指標（GFI）は.993，修正適合度指標（AGFI）は.962，比較適合度指数（CFI）は.999，平均二乗誤差平方根（RMSEA）は.027であった。これらの各指標値は良好な適合度を示し，妥当性が高いと判断されるので，本因果モデルは支持されたといえる。さらに，本因果モデルから，以下に示す4つの示唆が得られた。（　）内の数値はパス係数を示し，影響の大きさをそれぞれ表す。

①　因子1「問題解決への意識」は，因子2「関数的な見方・考え方」（.64）から影響を受け，因子6「数式化・数値化の意識」（.29），因子4「理科における学習方略」（.26）および因子3「理数学習の有用性」（.43）に直接的な影響を及ぼしている。

②　因子6「数式化・数値化の意識」は，因子1「問題解決への意識」（.29）

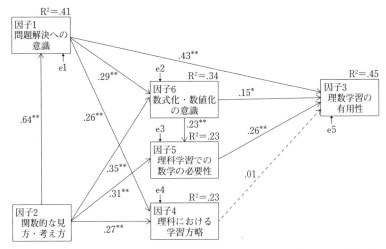

注) 矢印はパス（実線は有意なパス，破線は有意でないパス，数値は標準化推定値），$R^2$ は重相関係数の平方，e1〜5は誤差変数をそれぞれ示す。$^{**}p<.01$, $^*p<.05$

図2-2　因子3「理数学習の有用性」に影響を及ぼす因果モデル

および因子2「関数的な見方・考え方」(.35) から影響を受け，因子5「理科学習での数学の必要性」(.23) および因子3「理数学習の有用性」(.15) に直接的な影響を及ぼしている。

③　因子5「理科学習での数学の必要性」は，因子6「数式化・数値化の意識」(.23) および因子2「関数的な見方・考え方」(.31) から影響を受け，因子3「理数学習の有用性」(.26) に直接的な影響を及ぼしている。

④　因子4「理科における学習方略」は，因子1「問題解決への意識」(.26) および因子2「関数的な見方・考え方」(.27) から影響を受けている。

以上の示唆から，因子2「関数的な見方・考え方」が因果モデルの初発の段階に位置し，因子1「問題解決への意識」，因子5「理科学習での数学の必要性」，因子6「数式化・数値化の意識」をそれぞれ媒介して，因子3「理数学習の有用性」に影響を及ぼしていることから，理科と数学に共通する因子2「関数的な見方・考え方」を指導内容に効果的に取り入れることで，因子5「理数学習の有用性」の実感につながると推察される。

## 4－6　理科と数学の好き嫌いと各因子の関連性

　理科と数学の好き嫌いの各群における因子得点の平均値と標準偏差を表 2-5 に示す。また，各群における因子得点の推定平均値を比較したグラフを図 2-3（P62）に示す。

　Ⅰ群（理科も数学も，両方とも好き）は，6 因子すべてにおいて因子得点がプラスの値であった。Ⅱ群（数学は好きだが，理科は好きではない）は，因子 2「関数的な見方・考え方」，因子 3「理数学習の有用性」，因子 4「理科における学習方略」，因子 6「数式化・数値化の意識」の因子得点はプラスの値であったが，因子 1「問題解決の意識」と因子 5「理科学習での数学の必要性」のそれはマイナスの値であった。Ⅲ群（理科は好きだが，数学は好きではない）は，因子 2「関数的な見方・考え方」の因子得点はプラスの値であったものの，他の 5 因子はいずれもマイナスの値であった。Ⅳ群（理科も数学も，どちらも好きではない）は，Ⅰ群とは逆に，6 因子すべてにおいて因子得点がマイナスの値であった。

　分散分析の結果，6 因子すべてにおいて有意であることが示された（因子 1：$F(3, 210) = 11.46, p < .001$）；因子 2：$F(3, 210) = 21.37, p < .001$；因子 3：$F$

表 2-5　各群におけるそれぞれの因子得点の平均値と標準偏差

| | | Ⅰ群 | Ⅱ群 | Ⅲ群 | Ⅳ群 | F 値 | 多重比較 |
|---|---|---|---|---|---|---|---|
| 因子 1「問題解決への意識」 | Mean | 0.54 | −0.05 | 0.01 | −0.42 | 11.46*** | Ⅰ＞Ⅱ，Ⅲ，Ⅳ |
| | (SD) | (0.85) | (0.70) | (0.89) | (1.05) | | Ⅲ＞Ⅳ |
| 因子 2「関数的な見方・考え方」 | Mean | 0.62 | 0.06 | 0.07 | −0.61 | 21.37*** | Ⅰ＞Ⅱ，Ⅲ，Ⅳ |
| | (SD) | (0.66) | (0.67) | (0.75) | (1.12) | | Ⅱ＞Ⅳ，Ⅲ＞Ⅳ |
| 因子 3「理数学習の有用性」 | Mean | 0.36 | 0.17 | −0.24 | −0.21 | 5.56** | Ⅰ＞Ⅲ，Ⅳ |
| | (SD) | (0.86) | (0.79) | (0.89) | (1.06) | | |
| 因子 4「理科における学習方略」 | Mean | 0.22 | 0.18 | −0.14 | −0.18 | 2.78* | Ⅰ＝Ⅱ＝Ⅲ＝Ⅳ |
| | (SD) | (0.83) | (0.74) | (1.02) | (0.99) | | |
| 因子 5「理科学習での数学の必要性」 | Mean | 0.50 | −0.02 | −0.25 | −0.20 | 8.32*** | Ⅰ＞Ⅱ，Ⅲ，Ⅳ |
| | (SD) | (0.68) | (0.77) | (0.90) | (1.09) | | |
| 因子 6「数式化・数値化の意識」 | Mean | 0.77 | 0.59 | −0.47 | −0.62 | 53.68*** | Ⅰ＞Ⅲ，Ⅳ |
| | (SD) | (0.79) | (0.77) | (0.71) | (0.64) | | Ⅱ＞Ⅲ，Ⅳ |

注）***$p < .001$，**$p < .01$，*$p < .05$

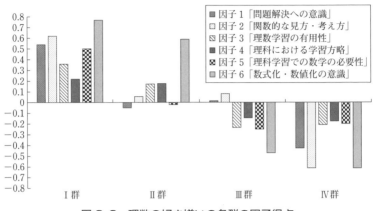

図 2-3　理数の好き嫌いの各群の因子得点

$(3, 210) = 5.56$, $p < .01$ ; 因子 4 : $F(3, 210) = 2.78$, $p < .05$ ; 因子 5 : $F(3, 210) =$ 8.32, $p < .001$ ; 因子 6 : $F(3, 210) = 53.68$, $p < .001$)。Bonferroni 法による多重比較を行ったところ、因子 1「問題解決への意識」は、Ⅱ群とⅢ群、Ⅱ群とⅣ群に有意な差が見られなかったのを除き、その他のすべての比較において因子得点に有意な差が見られた。特に、Ⅰ群と他の群との間で有意な差が見られることから、理科と数学のどちらか一方でも好きではないと、問題解決への意識は低くなってしまうと考えられる。因子 2「関数的な見方・考え方」はⅡ群とⅢ群に有意な差が見られなかったのを除き、その他のすべての比較において因子得点に有意な差が見られた。因子 3「理数学習の有用性」は、Ⅰ群とⅢ群、Ⅰ群とⅣ群で有意な差が見られた。Ⅲ群とⅣ群は数学が好きではない点が共通であると考えると、数学の好き嫌いが因子 3「理数学習の有用性」に影響を及ぼす要因であると推測できる。因子 4「理科における学習方略」は、すべての群の比較において有意な差が見られなかった。因子 5「理科学習での数学の必要性」は、Ⅰ群とⅡ群、Ⅰ群とⅢ群、Ⅰ群とⅣ群で有意な差が見られた。これも、Ⅰ群と他の群との間で有意な差が見られることから、理科と数学のどちらか一方でも好きではないと、理科学習における数学の知識・技能の必要性が低くなってしまうと考えられる。因子 6「数式化・数値化の意識」は、Ⅰ群とⅡ群、Ⅲ群とⅣ群に有意な差が見られなかったのを除き、その他のすべての比較

において因子得点に有意な差が見られた。

　理数の好き嫌いにおけるⅠ群からⅣ群と因子得点の関連について，Ⅱ群（数学は好きだが，理科は好きではない）とⅢ群（理科は好きだが，数学は好きではない）では，「数式化・数値化の意識」で有意な差が見られた。数式化や数値化といった事物現象の定量化について原（2010）は，小中高と学年が上がるにつれて定量的な表現が多くなること，そして，定量的な理解が求められるにつれて数式化や数式の展開，数値化に対応できない生徒が理科嫌いになることから，小中段階から定量的表現を徐々に増やし，定性的把握から定量的理解への準備をしていく必要性を述べている。つまり，定量的な実験結果を適切に処理したり，グラフ化し，そこから規則性や公式を導き出したりする際に，数学の好き嫌いの差が学習活動でのつまずきやその後の理解の差になってしまうことを示唆している。

　また，先述のパス解析から，問題解決への意識が高まったとしても，数式化・数値化する意識が低いと，数学の必要性や理科と数学の結びつきを感じにくく，理数学習の有用性の実感が得にくくなると考えられる。このことから，理科で使う数学の力を予め把握し，理科授業において既習の数学の知識・技能を意識させ，具体的場面で活用させながら問題解決につなげていく学習課題の設定や学習過程の必要性が示唆された。このような本章で得られた知見は，「課題の解決に際して各教科等で学んだことを統合的に働かせながら，探究のプロセスを展開する」といったSTEAM教育のねらいや，「習得・活用・探究という学びの過程を重視しながら，各教科等において育成を目指す資質・能力を確実に育むとともに，その成果を各教科に還元するという往還が重要である」とするSTEAM教育の前提条件と一致する（中央教育審議会，2021）。さらに，近年，我が国では資質・能力（科学的知識とスキルを結び付けて探究や課題解決を進める力）の育成を重視する教科等横断的な学習としてのSTEM教育や理数教育が注目されていることを踏まえ（松原・高阪，2017；齊藤・飯窪・堀，2018），本章で得られた知見は，STEAM教育等の教科等横断的な学習を推進したり，理数教育の充実を図ったりする際の指導法の考案やカリキュラムの見直しに向けた基礎資料となることが期待される。

## お わ り に

　本章の第一の目的は，「理科と数学の教科等横断的な学習」が「理数の関連性の意識化」「学習方略」および「自己効力感」を媒介し，「理数学習の有用性」に影響を及ぼすという仮説モデルに基づく質問紙を作成し，「理科と数学の教科等横断的な学習の意義」を構成している諸要因の因果モデルを明らかにすることであった。さらに，理科と数学の好き嫌いと各因子の関連性を明らかにすることが第二の目的であった。質問紙調査を行った結果，第一の目的については，「問題解決への意識」「関数的な見方・考え方」「理数学習の有用性」「理科における学習方略」「理科学習での数学の必要性」「数式化・数値化の意識」の6因子が抽出された。また，重回帰分析とパス解析を行った結果，「関数的な見方・考え方」が4因子を経由しながら，「理数学習の有用性」に間接的に影響を及ぼしていることが明らかとなった。さらに，第二の目的については，理科と数学の好き嫌いと各因子得点の比較検討から，「数式化・数値化の意識」において，Ⅱ群（数学は好きで理科は嫌い）とⅢ群（理科は好きで数学は嫌い）との間で有意な差が見られた。理科学習において，「数式化・数値化の意識」を高めるために，自然の事物・現象や実験結果を数学的な知識・技能を活用しながら定量的に分析・解釈し，グラフ化したり公式や規則性を導いたりする活動の必要性が示唆された。

**注釈**

1)　STEAM 教育とは，STEM 教育に "A" の概念（ART：芸術，ARTS：教養）を追加したものであるが，その定義は未だ定まっていない（辻合・長谷川，2020）。STEM 教育は，Science・Technology・Engineering・Mathematics の教育の充実を国策として推進するために米国で用いられてきた概念であり（NSTC,2013），科学，技術，工学，数学を領域横断的に学習する教育方法（教育システム）である（奥村，2021）。

2)　本章では，理科と数学，数学と理科，理数といった類似表記が見られるが，いずれも先行研究で用いられている用語をそのまま記載しているため，特筆すべき違いや順序性については検討していない。また，理数に関しては高等学校に共通教科として設置されるものではな

く，小中高における理科および算数・数学学習全般を示している。

3)　調査の対象は，大学3年生が155名，大学院生（現職教員を含まない）が74名である。

## 参考文献

1)　山田貴之・稲田佳彦・岡崎正和・小林辰至（2020）「『関数的な見方・考え方』を働かせた理科授業の改善に関する一考察 ― 数学と理科の教科等横断的な視点から ―」『上越教育大学研究紀要』第39巻，第2号，555-575。

## 引用文献

1)　安藤秀俊（2015）「理科と数学の関連性」『日本科学教育学会年会論文集』第39巻，45-46。

2)　安藤秀俊・小原美枝（2010）「数学と理科の関わりについての意識調査」『科学教育研究』第34巻，第2号，207-219。

3)　Basista, B., and Mathews, S. (2002). Integrated Science and Mathematics Professional Development Programs. School Science and Mathematics, 102 (7), 359-370.

4)　Bossé, M. J., Lee, T. D., Swinson, M., & Faulconer, J. (2010). The NCTM Process Standards and the Five Es of Science: Connecting Math and Science. School Science and Mathematics, 110 (5), 262-276.

5)　中央教育審議会初等中等教育分科会教育課程部会（2021）『教育課程部会における審議のまとめ』13-15。
(https://www.mext.go.jp/content/20210126-mxt_kyoiku01-000012344_1.pdf)

6)　Committee on STEM Education National Science and Technology Council (NSTC) (2013). Federal Science, Technology, Engineering, and Mathematics (STEM) Education 5-Year Strategic Plan, Executive Office of the President, Washington, DC.

7)　Frykholm, J., & Glasson,G. (2005). Connecting Science and Mathematics Instruction: Pedagogical Context Knowledge for Teachers. School Science and Mathematics, 105 (3), 127-141.

8)　原俊雄（2010）「生徒にとって小学校から高等学校へとつながる理科教育の提案」『物理教育』第58巻，第4号，231-234。

9)　橋本美彦（2018）「算数と理科学習における『気づき』と『関連づけ』に関する一考察 ― 小学5年算数『単位量あたりの大きさ』と中学2年理科『密度』の学習に着目して ―」『日本科学教育学会年会論文集』第42巻，115-116。

10)　Huntley, M.A. (1998). Design and Implementation of a Framework for Defining Integrated Mathemat ics and Science Education. School Science and Mathematics,

98 (6), 320-327.

11)　今井俊彦・石井俊行（2013）「理科と数学の教科間における問題解決に関する一考察 ―フックの法則，オームの法則の事例を通して ―」『日本理科教育学会近畿支部大会（大阪大会）発表要旨集』19。

12)　石井俊行・箕輪明寛・橋本美彦（1996）「数学と理科との関連を図った指導に関する研究 ―文脈依存性を克服した指導への提言 ―」『科学教育研究』第 20 巻，第 4 号，213-220。

13)　金井太一・小川佳宏・山田貴之（2020）「『関数的な見方・考え方』を働かせた理科のオームの法則における授業実践」『日本科学教育学会年会論文集』第 44 巻，477-480。

14)　小島一生・谷塚光典・村松浩幸（2021）「中学校の各教科の時間における低・中統合度 STEM の試み」『日本科学教育学会研究会研究報告』第 35 巻，第 5 号，27-32。

15)　国立教育政策研究所（2018）『平成 30 年度全国学力・学習状況調査 【中学校】報告書』 8-11。
（https://www.nier. go.jp/18chousakekkahoukoku/report/data/18msci_02.pdf）

16)　高阪将人（2015）「理科と数学を関連付けるカリキュラム開発のための理論的枠組みの構築 ―関連付ける方法とその意義に焦点を当てて ―」『全国数学教育学会誌数学教育学研究』 第 21 巻，第 2 号，103-112。

17)　Lonning, R. A., & DeFranco, T. C. (1997). Integration of Science and Mathematics: A Theoretical Model. School Science and Mathematics, 97 (4), 212-215.

18)　枌元新一郎（2000）「数学的モデルをつくることを通して数学の世界をひろげていく活動 ―全身が映る鏡の大きさを考える ―」『日本数学教育学会誌』第 82 巻，第 1 号，10-17。

19)　松原憲治・高阪将人（2017）「資質・能力の育成を重視する教科横断的な学習としての STEM 教育と問い」『科学教育研究』第 41 巻，第 2 号，150-160。

20)　McBride, J. W., & Silverman, F. L. (1991). Integrating elementary/middle school science and mathematics. School Science and Mathematics, 91 (7), 285-292.

21)　Michelsen, C. (2006). Functions: a modelling tool in mathematics and science. ZDM, 38 (3), 269-280.

22)　文部科学省（2018a）『中学校学習指導要領（平成 29 年告示）解説総則編』東山書房， 2018, 5。

23)　文部科学省（2018b）『中学校学習指導要領（平成 29 年告示）解説数学編』日本文教出版， 2018, 82-87。

24)　文部科学省（2018c）『中学校学習指導要領（平成 29 年告示）解説理科編』学校図書， 2018, 12, 16-19, 23-69。

25)　文部科学省（2019）『高等学校学習指導要領（平成 30 年告示）解説理数編』東京書籍， 2019, 6-10。

26)　森健一郎・髙橋弾（2015）「自己効力の測定結果を踏まえた授業改善 ― 中学校理科の指

導に注目して―」『釧路論集：北海道教育大学釧路校研究紀要』第47号，89-96。

27) 西川純（1993）「理科における計算能力の文脈依存性に関する研究―オームの法則を事例として―」『日本理科教育学会全国大会要項』第43回，63。

28) 小原美枝（2015）「数学と理科を関連させた指導の実践とその効果」『日本科学教育学会年会論文集』第39巻，47-50。

29) 小倉康（1996）「自然認識における知の表現法と評価法（2）：中学生の比例的推理能力の発達と科学的思考力の関係」『日本科学教育学会年会論文集』第20巻，69-70。

30) 奥村仁一（2021）「米国ノーザン・アリゾナ大学におけるSTEM教員養成プログラムの概要と評価」『STEM教育研究』Vol.3, 3-13。

31) 大西郁子（2009）「算数・数学科と理科の関連に関する研究―算数・数学科と理科の学習内容としての探究活動―」『数学教育学研究全国数学教育学会誌』第15巻，第1号，53-59。

32) Rutherford, F. J., & Ahlgren, A. (1990). Science for All Americans. New York: Oxford University Press., 16-17.

33) 齊藤萌木・飯窪真也・堀公彦（2018）「理解深化を促進する協調問題解決活動による問いの生成支援―学校外の科学教室におけるSTEM授業を例に―」『STEM教育研究』Vol.1, 53-62。

34) So,W.W.M. (2013). Connecting Mathematics in Primary Science Inquiry Projects. International Journal of Science and Mathematics Education, 11 (2), 385-406.

35) 鈴木誠（1999）「理科の学習場面における自己効力感，学習方略，学業成績に関する基礎的研究」『理科教育学研究』第40巻，第1号，11-23。

36) 辻合華子・長谷川春生（2020）「STEAM教育における"A"の概念について」『科学教育研究』第44巻，第2号，93-103。

37) Watanabe, T., & Huntley, M. A. (1998). Connecting Mathematics and Science in Undergraduate Teacher Education Programs: Faculty Voices from the Maryland Collaborative for Teacher Preparation. School Science and Mathematics, 98 (1), 19-25.

38) 山中謙司・谷地元直樹（2020）「小学校理科と算数における教科横断的な指導の開発―『流れる水の働き』と『単位量当たりの大きさ』の関連に着目して―」『北海道教育大学紀要. 教育科学編』第71巻，第1号，33-44。

39) 湯澤正通・山本泰昌（2002）「理科と数学の関連づけ方の異なる授業が中学生の学習に及ぼす効果」『教育心理学研究』第50巻，第3号，377-387。

付記

　本章は『理科教育学研究』第62巻，第3号（2022）に掲載された「理数学習の有用性に影響を及ぼす諸要因の因果モデル ― 初等教育教員養成課程学生を対象とした質問紙調査に基づいて ―」を書き直したものである。

実　践　編

第 **3** 章

# 数学との教科等横断的な学習を促す理科授業の試み
― 関数概念を有する「密度」の学習に焦点を当てて ―


## は じ め に

　近年，知識基盤社会の進展に伴い，断片化された知識や技能ではなく，人間の全体的な能力をコンピテンシー（competency）として捉えた教育改革が世界的な潮流となっている（山田・田代・田中・小林，2015）。そして，これからの時代に求められる資質・能力を育むために，各教科等の学習とともに，教科等横断的な視点に立った学習が重要であり，各教科等における学習の充実はもとより，教科等間のつながりを捉えた学習を進める必要があることが示された（中央教育審議会，2016）。その重要な枠組みの1つに，高等学校における数学・理科にわたる探究的科目として新たに設置される理数探究および理数探究基礎があり，これらの新科目では，教科の枠を超えた数理横断的なテーマに徹底的に向き合い考え抜く力を育成することが求められている（中央教育審議会，2016）。

　これまでにも理科と数学を関連付けた授業の効果に関する研究は多数報告されている。例えば，理科における計算能力の文脈依存性（西川，1994），数学と理科との関連を図った指導（石井・箕輪・橋本，1996），数学で扱う2次関数の文脈の中に理科で扱う自然事象（落下運動等）の文脈を組み入れた授業（三崎，1999），理科と数学の関連付け方の異なる授業が中学生の学習に及ぼす効果（湯澤・山本，2002），理科と数学の関わりについての意識調査（安藤・小原，2010），理科から数学への教科間における学習の転移を促す

条件（石井・橋本，2013），圧力の授業に数学の反比例の学習を活かした指導（石井，2015），理科・数学教師間の連携の強さが学習の転移に及ぼす影響（石井・橋本，2016），理科と数学の相関カリキュラムの開発（野添・天野，2016）などがある。

　また，理科と数学の関連付けの方法とその意義について高阪（2015a）は，①学習内容の統合プロセスによる関連付け，②考え方の統合プロセスによる関連付け，③学習内容の比較プロセスによる関連付け，④考え方の比較プロセスによる関連付けといった，4つの方法があることを報告している（表3-1）。加えて，これら4つの方法のうち，我が国では，③学習内容の比較プロセスによる関連付けが多く取り扱われており，理科と数学の両学習内容の共通点が比例の概念である場合，具体的な比例の概念を有する，おもりとばねの伸びとの関係や，電流と電圧との関係から，より抽象的な比例の概念の形成が期待できるとしている。さらに高阪（2015b）は，④考え方の比較プロセスによる関連付けでは，関数領域が核になることから，理科と数学における関数的な考え

表3-1　各方法における理科と数学を関連付ける意義とその特徴

| | | 関連付けの事柄 | | 意義の特徴 |
|---|---|---|---|---|
| | | 学習内容 | 考え方 | |
| 関連付けのプロセス | 総合プロセス | ・各教科と教科外とのつながりの構築<br>・学習内容を総合的に用いた考察 | ・教科外で扱う対象の知識獲得<br>・考え方を総合的に用いた考察 | 教科外総合性 |
| | 比較プロセス | ・具体的な理科の学習内容と抽象的な数学の学習内容とのつながりの構築<br>・抽象度の違う文脈で学習内容を用いることによる，転移の促進 | ・異なった視点による各教科で扱う対象の知識獲得<br>・抽象度の違う文脈で考え方を用いることによる，その一般化 | 各教科抽象度の違い |
| 意義の特徴 | | つながりの構築<br>学習内容の扱い方 | 対象の知識獲得<br>考え方の用い方 | |

（高阪，2015a より転載）

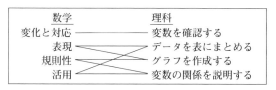

**図 3-1　理科と数学における関数的考え方の対応**
（高阪，2015b より転載）

方に着目し，中島（1981）や片桐（2004a）に代表される「関数の考え方」と1960 年代に AAAS（米国科学振興協会）が開発した「科学のプロセススキル」とを比較検討した「理科と数学における関数的考え方の対応」を整理している（図 3-1）。

　しかしながら，上述したような比例の概念を有する，おもりとばねの伸びとの関係（フックの法則）や，電流と電圧との関係（オームの法則）は，「連続量／連続量」という内包量の基本的な形態をとっており（永瀬，2003），いずれも 2 つの数量の関係が複雑で，生徒にとって理解が難しい内容である。内包量（intensive quantity）とは，速度，密度，濃度などのように 2 つの外延量（extensive quantity：合併による加法性の成り立つ量）の商によって表される量のことであり，例えば，速度は「距離／時間」という形で距離と時間という 2 つの外延量から決定される（藤村，1990）。そして，特にこのような内包量の形態をとる密度概念の理解が難しいことは従来から指摘され（例えば，Hewson & Hewson, 1983；高森，1981；国立教育政策研究所，2013；斎藤，2017 など），密度概念の構築が理科における他の内容の理解にとって非常に重要な課題であることが知られている（福岡・大貫・金子，2006）。

　密度の学習について，2008 年告示の中学校学習指導要領解説理科編では，「金属やプラスチックなどの様々な固体の物質の密度を測定する実験を行い，求めた密度から物質を区別できることに気付かせる」と記されている（文部科学省，2008）。これに準拠した 5 社の中学校理科教科書を精査したところ，物質の密度を求める実験を課題解決の学習として記載しているのは 2 社のみであった（注1）。こうした課題に対して石井（2015）は，「圧力の指導では，生徒にまずは公式を文字式として表現させ，実験結果に加えて，力の大きさや力の

はたらく面積を相互に変化させて圧力の大きさの変化を表やグラフにまとめさせる過程を踏ませることにより，両者の関係性（反比例）を理解させていくべきだと考える。このことにより，両者をそれぞれに変化させても，その比が変わらなければ圧力が同じであることも理解できるものと思われる」と述べている。石井（2015）の知見に基づくと，密度の学習において，具体的な実験を行う中で2つの数量（物体の質量と体積）を取り出し，それらの変化や対応の特徴を表，式，グラフを用いて考察させることが大切であると考えられる。これは，平成30年度全国学力・学習状況調査報告書【中学校／数学】（国立教育政策研究所，2018）に記載されている指導改善のポイント[注2]や，中学校学習指導要領（平成29年告示）解説数学編（文部科学省，2018a）における第1学年「C 関数」の「C (1) 比例，反比例」に記されている教育目標と一致しており，理科と数学の関連付けの有効性が示唆される。

　しかしながら，高阪（2015b）が理科と数学の関連付けの共通認識不足による実証的研究の不備や実践の困難性を指摘するなど，両教科を関連付けた研究は上述した以外にほとんど見当たらず，未だ十分な蓄積があるとは言えない。加えて，前出の三崎（1999）は，自然落下運動を教材として取り上げ，中学校第3学年の数学単元「2次関数（$y = ax^2$）」と，理科単元「運動とエネルギー（落下運動）」との関連を図った指導の効果を報告している。具体的には，数学授業では2次関数（$y = ax^2$）の具体的事例として，落下運動等の幾つかの自然事象が提示され，理科授業では落下する物体の様子を記録タイマーで調べ，その結果から物体の運動と力の関係を考察する場面において，2次関数（$y = ax^2$）のそれぞれの変数に対応する値を求めたりグラフ化したり，$x$ の変域に対する $y$ の変域や変化の割合を求めたりするといった，数学の既習事項を繰り返し使用できる授業が行われた。その結果，理科で扱う文脈の中で計算能力が身に付くことや，数学で身に付いた計算能力が理科の問題解決を促すことを明らかにするとともに，今後の課題として理科で扱う文脈の中に数学で扱う文脈を組み入れたカリキュラム開発の必要性を挙げている。このような三崎（1999）の知見から，数学教師が数学の授業の中に理科で扱う文脈を組み入れることの効果が示唆されるとともに，理科教師が理科授業の中に数学で扱う文脈を組み

入れるといった指導法の考案が求められていることが分かる。しかしながら，これに関する具体的な授業研究の報告は，前出の湯澤・山本（2002）や石井（2015）以外ほとんど見当たらない。

　そこで本章では，まず，中学校3年間の理科授業において重要な概念とされる密度の学習を取り上げ（福岡ら，2006），理科教師が数学の関数の指導事項を導入し，物質の質量と体積という2つの数量の関係に着目させ，その特徴を表やグラフ，式を相互に関連付けて考察させ，関数関係の理解を深めさせるといった指導法の効果について検討することを第一の目的とした。これは，従来の理科と数学を関連付けた授業の効果に関する研究では，各教科固有の資質・能力の育成が目指されていたのに対して，本章では教科等を超えて育まれる資質・能力の育成を目指すことを意味している。次に，上述した三崎（1999）の研究を参考に，密度の理科授業後に，比例の数学授業を実施し，関数の指導事項を両教科の教師が繰り返し指導する効果について検討することを第二の目的とした。

## 第1節　調査対象と時期

　新潟県内の公立中学校第1学年2学級68名（男子32名，女子36名）を対象に，2019年9月上旬から11月下旬にかけて授業および調査問題[注3]を実施した（図3-2）。分析は調査問題にすべて回答した59名について行った。本章では，密度の理科授業後に，比例の数学授業を実施し，関数の指導事項を両教

| 時期 | 内容 |
|---|---|
| 9月上旬 | ①事前調査：3つの調査問題 |
| 9月中旬 | ②理科授業：密度 |
| 10月上旬 | ③事中調査：事前と同一の調査問題 |
| 10月下旬 | ④数学授業：比例 |
| 11月中旬 | ⑤事後調査：事前と同一の調査問題 |

**図3-2　授業および調査問題の実施時期**

科の教師が繰り返し指導する効果について検討することを第二の目的としているために，事前（9月上旬），事中（密度の理科授業後：10月上旬），事後（比例の数学授業後：11月中旬）に同一の調査問題を用いることとした。

## 第2節　授業の概要

### 2-1　理科授業に組み入れる関数の指導事項

　密度の理科授業に組み入れる関数の指導事項について，中学校学習指導要領（平成29年告示）解説数学編（文部科学省，2018a）における第1学年「C関数」の「C（1）比例，反比例」を基に検討した。比例については，「具体的な事象の中から伴って変わる2つの数量を取り出して，その変化や対応の仕方に着目し，関数関係の意味を理解できるようにする」ことが求められている。具体的には，（ア）関数関係の意味を理解すること，（イ）比例，反比例について理解すること，（ウ）座標の意味を理解すること，（エ）比例，反比例を表，式，グラフなどに表すことが，身に付けるべき知識および技能として明記されている。さらに，比例，反比例の学習については，「日常生活において数量間の関係を探究する基礎となるものであり，一般的，形式的に流れることなく，具体的に事象を考察することを通して，関数関係を見いだし考察し表現する力を養う。また，数の拡張や関数の概念を基にして，小学校算数科で学習した比例，反比例を関数として捉え直すことも必要である」と記されている。

　また，第1章（山田ら，2020）では，中央教育審議会初等中等教育分科会教育課程部会理科ワーキンググループ（2016）で例示された「理科の見方・考え方」（質的・量的な関係，時間的・空間的な関係，原因と結果，部分と全体，多様性，共通性，定性と定量，比較，関係付け）と，片桐（2004b）が提案する「数学的な考え方」（表1-3：P18，表3-2：P77）との整合性を検討し，理科と数学が共有できる「見方・考え方」として「関数的な見方・考え方」を設定している（表1-2：P15，図3-3：P78）。そこで本章では，中学校学習指導要領（平成29年告示）解説数学編（文部科学省，2018a）の内容や，理科

表3-2　片桐（2004b）の「数学の方法に関係した数学的な考え方」と「数学の内容に関係した数学的な考え方」

| Ⅱ　数学の方法に関係した数学的な考え方 | |
|---|---|
| 1　帰納的な考え方 | 2　類推的な考え方 |
| 3　演繹的な考え方 | 4　統合的な考え方（拡張的な考え方を含む） |
| 5　発展的な考え方 | 6　抽象化の考え方（抽象化，具体化，条件の明確化の考え方） |
| 7　単純化の考え方 | 8　一般化の考え方 |
| 9　特殊化の考え方 | 10　記号化の考え方 |
| 11　数量化，図形化の考え方 | |

| Ⅲ　数学の内容に関係した数学的な考え方 |
|---|
| 1　考察の対象の集まりや，それに入らないものを明確にしたり，その集まりに入るかどうかの条件を明確にする（集合の考え方） |
| 2　構成要素（単位）の大きさや関係に着目する（単位の考え方） |
| 3　表現の基本原理に基づいて考えようとする（表現の考え方） |
| 4　ものや操作の意味を明らかにしたり，広げたり，それに基づいて考えようとする（操作の考え方） |
| 5　操作の仕方を形式化しようとする（アルゴリズムの考え方） |
| 6　ものや操作の方法を大づかみにとらえたり，その結果を用いようとする（概括的把握の考え方） |
| 7　基本法則や性質に着目する（基本的性質の考え方） |
| 8　何を決めれば何が決まるかということに着目したり，変数間の対応のルールを見付けたり，用いたりしようとする（関数の考え方） |
| 9　事柄や関係を式に表したり，式をよもうとする（式についての考え方） |

と数学が共有できる第1章（山田ら，2020）の「関数的な見方・考え方」および高阪（2015b）の「関数的考え方の対応」を参考に，「密度の理科授業に組み入れる関数の指導事項」（以下，関数の指導事項と表記）として，【①】「関係付ける見方・考え方」や【②】「変数の見方・考え方」など，計9つの「見方・考え方」に整理した（図3-4：P79）。これらの内容や文章表現の妥当性については，理科教育学研究者2名，物理学研究者1名，数学教育学研究者1名，経験豊富な理科教員4名（1名は授業者）と数学教員1名（授業者），理科を専門とする大学院生2名で検討した。

　なお，「育成すべき資質・能力を踏まえた教育目標・内容と評価の在り方に

①質的・量的な関係
　・2つの変数の間に関係性がありそうか
　・2つの量的な変数の関係を比や割合で捉えられそうか
　・2つの量的な変数を座標平面で可視化して関係性を捉えられそうか
　・2つの量的な変数の関係は，どのような関数で表現できそうか
　・座標平面で分解したベクトルの量的な関係を，三角比でどのように捉えられそうか
②時間的・空間的な関係
　・事物・現象は時間とともにどのように変化しているか
　・事物・現象の変化と時間の関係をどのように捉えられ（表現でき）そうか
　・時間的・空間的に変化する事物・現象は，二次元の座標平面でどのように捉えられそうか
　・時間的・空間的に変化する事物・現象は，三次元の座標空間でどのように捉えられそうか
③原因と結果
　・変化する事物・現象から，変化する量として何が同定できそうか
　・事物・現象における変化（量）に影響を及ぼす要因（量）を見いだせそうか
　・事物・現象における2つの量は因果関係として捉えることができそうか
　・事物・現象の変化は，独立変数と従属変数の関係として，図・表・式・グラフ等を用いて捉えられそうか
④定性と定量
　・従属変数はどのようにすれば物理量として測定できるか
　・物理量として測定できない従属変数は，どのようにすれば数量化できるか
　・測定や数量化ができない従属変数の変化は，どのようにすれば定性的に調べられるか
⑤比較，関係付け
　・従属変数と独立変数の比較，関係付け
　・測定値や導出した変化の割合等の比較，関係付け

**図 3-3 「関数的な見方・考え方」（表 1-2：P15 より一部抜粋）**

関する検討会（論点整理）」（文部科学省，2015）では，「資質・能力のより効果的な育成に向けた教育目標・内容の構造」のための一方策として，ア）教科等を横断する，認知的・社会的・情意的な汎用的なスキル等に関わるもの，イ）教科等の本質に関わるもの，ウ）教科等に固有の知識・個別スキルに関わるものといった，3つの視点の相互のつながりを意識しつつ扱うことの重要性が明記されている。（図 3-4：P79）に示した関数の指導事項は，上記のア）に相当する内容であるが，理科と数学の授業を実施するに当たり，イ）やウ）に

【①】関係付ける見方・考え方
・ある数量に伴って，どんな数量が変化するか考える
【②】変数の見方・考え方
・数量を変化させて考える
【③】対応の見方・考え方
・変わるものと変わらないものに着目し，後者の特徴を捉えるために，対応する要素を
　見つけ，要素間の関数関係を明確にする
【④】原因から結果を推測する見方・考え方
・これを決めれば何が決まるか考える
【⑤】結果から原因を推測する見方・考え方
・これを決めるためには何を決めればよいか考える
【⑥】帰納的な見方・考え方
・対応のきまりや変化の特徴を見つける
【⑦】順序づける見方・考え方
・関数表をつくる
【⑧】全体の特徴を見いだす見方・考え方
・グラフに表す
【⑨】簡潔，明確に表す見方・考え方
・式に表す

図 3-4　関数の指導事項

ついても理解しておく必要がある。そこで，「新学習指導要領との関連で言え
ば，見方・考え方が教科の固有性であり，資質・能力の3つの柱に当たるもの
が教科の共通性である」とする島田（2018）の知見を踏まえ，両教科の目標
や内容等に基づく「見方・考え方」を概観し，各々の固有性について整理する
こととした。

　まず，「理科の見方・考え方」について，中学校学習指導要領（平成29年
告示）解説理科編（文部科学省，2018b）では，「『自然の事物・現象を，質
的・量的な関係や時間的・空間的な関係などの科学的な視点で捉え，比較した
り，関係付けたりするなどの科学的に探究する方法を用いて考えること』と整
理することができる」と記されている。さらに，前出の中央教育審議会初等中
等教育分科会教育課程部会理科ワーキンググループ（2016）で例示された「理
科の見方・考え方」を踏まえると，時間的・空間的な関係，多様性，共通性な
どが，理科の本質に関わる固有の「見方・考え方」であると解釈できる。

次に,「数学的な見方・考え方」について,中学校学習指導要領（平成29年告示）解説数学編（文部科学省，2018a）では,「『数学的な見方』は『事象を数量や図形及びそれらの関係についての概念等に着目してその特徴や本質を捉えること』であると考えられる。また,『数学的な考え方』は『目的に応じて数,式,図,表,グラフ等を活用しつつ,論理的に考え,問題解決の過程を振り返るなどして既習の知識及び技能を関連付けながら,統合的・発展的に考えること』であると考えられる」と記されている。さらに,前出の片桐（2004b）の「数学的な考え方」を踏まえると,統合的な考え方,発展的な考え方,一般化の考え方などが,数学の本質に関わる固有の「見方・考え方」であると解釈できる。

本章では,理科と数学を教科等横断的に関係付ける要となる「関数的な見方・考え方」を重視するとともに,両教科の本質に関わる固有性についても考慮した上で授業や調査問題を実施したり,得られたデータを分析・解釈したりすることとした。

## 2-2 密度の理科授業

密度について,中学校学習指導要領（平成29年告示）解説理科編（文部科学省，2018b）では,「金属などの物質を区別する学習活動において,物質の体積や質量に着目し,物質の密度を測定する実験を行い,求めた密度から物質を区別できることに気付かせること」が求められている。また,「実験器具の操作,実験結果の記録の仕方などの探究に関わる技能を身に付けさせること」や,「観察,実験の際には,見通しをもって実験を計画させたり,根拠を示して表現させたりするなど,探究的な活動となるよう留意すること」などが明記されており,問題解決的な学習の重要性が述べられている。

そこで,図3-5（P81）に示したように,まず,授業の導入段階において,教師は体積が1cm$^3$のアルミニウムのブロック（立方体）を各班に6個ずつ配り,「ブロックを1個,2個,3個と増やしていくと,重さはどのように変化するだろうか」と生徒に問い掛けた。

次に,本時の学習課題（アルミニウムの体積と質量には,どのような関係

---

T1：体積が $1cm^3$ のアルミニウムのブロック（立方体）を各班に6個ずつ配り，「ブロックを1個，2個，3個と増やしていくと，重さはどのように変化するだろうか」と生徒に問い掛ける。

T2：本時の学習課題を提示する（アルミニウムの体積と質量には，どのような関係があるのだろうか）。

S1：課題に対する仮説を生徒個人で設定し，ワークシートに記述する。

S2：仮説についてクラス全体で意見交換する。

S3：実験をグループで遂行する（アルミニウムのブロックを1個，2個，3個と増やしていき，それぞれの重さを電子天秤で測定する）。

S4：得られた結果やその考察，課題に対する結論を生徒個人がワークシートに記述する。

・体積と重さの関係を表に整理する。【②，⑦】

・表に整理した結果をグラフに表す。【④，⑤，⑧】

・作成したグラフから分かることを書く。【②，⑥】

・それぞれの測定結果について，体積に対する比の値を計算で求め，比の値から分かることを書く。【①，③】

・表やグラフを踏まえ，アルミニウムのブロックの体積を○ $cm^3$，重さを△gとして，○と△の関係を式に表す。【⑨】

T3：本時の学習課題に対する結論を板書する。

---

注）丸数字は図3-4（P79）に示した関数の指導事項と一致している。

**図3-5 密度の理科授業（50分間）**

があるのだろうか）を提示した後，学習課題に対する仮説を生徒個人で考えさせ，それをワークシートに記述させた。さらに，仮説についてクラス全体で意見交換を行い，グループで実験を遂行させるとともに，結果とその考察，学習課題に対する結論をワークシートに記述させた。

この際，図3-5における「体積と重さの関係を表に整理する」学習では，主に図3-4（P79）に示した関数の指導事項【②，⑦】を組み入れることとした。同様に，「表に整理した結果をグラフに表す」学習では【④，⑤，⑧】を，「作成したグラフから分かることを書く」学習では【②，⑥】を，「それぞれの測定結果について，体積に対する比の値を計算で求め，比の値から分かることを書く」学習では【①，③】を，「表やグラフを踏まえ，アルミニウムのブロックの体積を○ $cm^3$，重さを△gとして，○と△の関係を式に表す」学習では【⑨】をそれぞれ組み入れることで，物質の質量と体積という2つの数量の関係に着目させ，その特徴を表やグラフ，式を相互に関連付けて考察させる

こととした。そして最後に，生徒が導出した結論を踏まえ，教師が本時の学習課題に対する結論を板書し，授業を終了した。

## 2－3　比例の数学授業

　「2－2」（P80）で述べた密度の理科授業と比べ，比例の数学授業では問題提示における事象が異なるだけで，この中から伴って変わる2つの数量を取り出し，それらの関係に着目させ，その変化や対応の特徴を考察させるといった指導法についてはすべて統一した。

　図3-6（P83）に示したように，まず，本時の学習課題「グラフには，どんなよさがあるのだろうか」と，2つの数量の変化や対応の特徴を捉え関数関係について調べさせる問題1を提示した。そして，生徒個人で問題を解き，ワークシートに解答を記述させるとともに，各問題の解答についてクラス全体で意見交換させた。次に，問題1において，教師が「問題1に示した数量の関係をグラフにすると，どんなことがよく分かるようになるか」と生徒に問い掛け，考察させた。さらに，表，式，グラフを別々に扱うのではなく，これらの表し方を相互に関連付けて理解できるようにするために問題2を提示した。

　この際，図3-6（P83）における「表から$x$と$y$の比例関係を見いだす」学習では，主に図3-4（P79）に示した関数の指導事項【②，④，⑤，⑥，⑦】を組み入れることとした。同様に，「内包量である比の値がすべて同じ値であることを見いだす」学習では【①，③】を，「比例関係を示す2つのグラフを比較して，表よりも傾きの違い，変化の割合の違いを可視的（幾何学的）に捉えやすいこと等を見いだして言葉で表現する」学習では【②，⑥，⑧】を，「独立変数と従属変数の関係を関数として捉え文字の式で表現する」学習では【⑨】をそれぞれ組み入れることで，時間と進んだ距離という2つの数量の関係に着目させ，その特徴を表やグラフ，式を相互に関連付けて考察させることとした。そして最後に，生徒が導出した結論を踏まえ，教師が本時の学習課題に対する結論を板書し，授業を終了した。

T1：本時の学習課題を提示する（グラフには，どんなよさがあるのだろうか）。
T2：問題1を提示する。
問題1　下の表は，Aさんが歩くのにかかった時間と進んだ距離をまとめたものである。

| 時間　$x$（時間） | 0 | 1 | 2 | 3 | 4 |
|---|---|---|---|---|---|
| 距離　$y$（km） | 0 | 5 | 10 | 15 | 20 |

ア．歩き始めて1時間で進んだ距離は何kmか。【④】
イ．歩くのにかかった時間が2時間，3時間，4時間のとき，進んだ距離はそれぞれ何kmか。【②】
ウ．歩くのにかかった時間が2倍，3倍，4倍と長くなると，進んだ距離はどのように増えるか。【⑥】
エ．進んだ距離と歩いた時間の比の値はいくらか。各時間の比の値を比べて分かることは何か。【①，③】
オ．表から分かることは何か。【④，⑤，⑦】
S1：生徒個人で問題を解き，ワークシートに解答を記述する。
S2：各問題の解答についてクラス全体で意見交換する。
T3：「問題1に示した数量の関係をグラフにすると，どんなことがよく分かるようになるか」と生徒に問い掛ける。
S3：生徒個人で考察し，ワークシートに解答を記述する。
S4：数量の関係をグラフに表すことの有用性について，クラス全体で意見交換する。
T4：問題2を提示する。
問題2　下の表は，Bさんが自転車で走った時間と進んだ距離をまとめたものである。

| 時間　$x$（時間） | 0 | 1 | 2 | 3 | 4 |
|---|---|---|---|---|---|
| 距離　$y$（km） | 0 | 10 | 20 | 30 | 40 |

ア．「Aさんが歩いた時間と距離」のグラフと「Bさんが自転車で走った時間と距離」のグラフを比べ，次のことについて考える。
・グラフのどのような違いに気付いたか。また，その違いはどのようなことを表しているか。【⑥，⑧】
・グラフにするとよく分かるようになることがある。どのようなことが分かりやすくなるか。【②】
イ．「Aさんが歩いた時間と距離」のグラフと「Bさんが自転車で走った時間と距離」のグラフのそれぞれについて，どのような文字の式で表されるか。【⑨】
S5：生徒個人で問題を解き，ワークシートに解答を記述する。
S6：各問題の解答についてクラス全体で意見交換する。
T5：本時の学習課題に対する結論を板書する。

注）丸数字は図3-4（P79）に示した関数の指導事項と一致している。

## 図3-6　比例の数学授業（50分間）

## 第3節　調査問題の作成と分析方法

### 3-1　調査問題の作成

　2つの数量の関係の理解を評価するために，内包量，密度，地震に関する調査問題をそれぞれ作成した（資料3-1～資料3-3：P105～P107）。本章では，密度の理科授業後に比例の数学授業を実施し，関数の指導事項（図3-4：P79）を両教科の教師が繰り返し指導する効果について検討することを第二の目的としているため，いずれの調査時期においても同一の調査問題を用いることとした。

### 3-1-1　内包量

　本調査問題は，斎藤（2002）および辻・伊禮・石井（2010）を参考に，5つの設問で構成されている（資料3-1：P105）。設問1～3については「2つの量の関係性の理解」を，設問4～5については「独立した量の理解」を調査した。具体的には，設問1は「第1用法の問題（全体量÷土台量＝内包量）」（以後，第1用法の理解度と表記），設問2は「第2用法の問題（内包量×土台量＝全体量）」（以後，第2用法の理解度と表記），設問3は「第3用法の問題（全体量÷内包量＝土台量）」（以後，第3用法の理解度と表記）に関する理解を調査した。設問4は「保存性の問題（土台量の変化）」（以後，保存性の理解度Aと表記），設問5は「保存性の問題（全体量の変化）」（以後，保存性の理解度Bと表記）についての理解を調査した。いずれの設問においても，4または5つの選択肢の中から1つの正解を選ばせる出題形式とした。配当時間は10分間であった。内包量に関する5つの設問は，いずれも図3-4（P79）に示した関数の指導事項【①】を評価するものとして作成した。

### 3-1-2　密度

　本調査問題は，6つの設問で構成されており，いずれも図3-5（P81）に示した密度の理科授業の文脈に即した出題形式となっている（資料3-2：

P106）。設問1は「2つの数量の変化を表に整理する問題」（以後，表の作成力と表記），設問2は「2つの値を座標平面上にとりグラフを作成する問題」（以後，グラフの作成力と表記），設問3は「内包量である比の値がすべて同じ値であることを導出する問題」（以後，比の値の導出と表記），設問4は「設問3で導出した比の値の特徴を考察する問題」（以後，比の値の理解度と表記），設問5は「設問2で作成したグラフから2つの数量の変化を読み取る問題」（以後，グラフの読解力と表記），設問6は「2つの数量の関係を関数として式で表現する問題」（以後，式による表現と表記）についての理解を調査した。配当時間は20分間であった。密度に関する6つの設問のうち，設問1は図3-4（P79）に示した関数の指導事項【⑦】を，設問2は【⑧】を，設問3は【①】を，設問4は【③】を，設問5は【⑥】を，設問6は【⑨】をそれぞれ評価するものとして作成した。

## 3－1－3　地　震

　本調査問題は，5つの設問で構成されており，いずれも地震に関する理科教科書の文脈に即した出題形式となっている（資料3-3：P107）。設問1は「2つの数量の依存関係に着目し，原因（独立変数）に基づいて結果（従属変数）を考察する問題」（以後，原因に基づく結果の考察と表記），設問2は「2つの数量の変化に着目し，対応のきまりや変化の特徴を導出する問題」（以後，規則性の導出と表記），設問3は「2つの数量の依存関係に着目し，結果（従属変数）に基づいて原因（独立変数）を考察する問題」（以後，結果に基づく原因の考察と表記），設問4は「独立変数と従属変数の関係を一組の座標（$x$, $y$）として捉え，$x$と$y$を対応させて数値を読解する問題」（以後，独立・従属変数の同定と表記），設問5は「比例関係を連続的かつ全体的に把握するために，グラフによる視覚的な表現が適していることを認識する問題」（以後，グラフの有用性と表記）についての理解を調査した。配当時間は20分間であった。地震に関する5つの設問のうち，設問1は図3-4（P79）に示した関数の指導事項【④】を，設問2は【⑥】を，設問3は【⑤】を，設問4は【①】を，設問5は【②】をそれぞれ評価するものとして作成した。

## 3-2 調査問題の分析方法

　本章の目的を遂行するために，各調査問題の正答例を作成し（表3-3～3-5），分析方法を整理した。以下，調査問題ごとに分析方法を述べる。なお，採点については，理科教育学研究者1名，経験豊富な中学校理科教員1名，理科コースに在籍する大学院生1名で，調査対象者59名分の回答内容を1つひとつ協議しながら行った。

### 3-2-1 内包量

　表3-3に従って採点し，個々の設問の正答者数と5つの設問の合計得点（標準偏差）を算出するとともに，調査時期を独立変数とした分散分析を行った。

表3-3 内包量の正答（各1点）

| 設問 | 1 | 2 | 3 | 4 | 5 |
|---|---|---|---|---|---|
| 正答 | イ | ウ | エ | ウ | ウ |

### 3-2-2 密 度

　表3-4（P87）に示したように，設問1では表の形，項目，単位，数値といった4観点を設定し1点ずつ付与した。設問2では項目，単位，目盛り，原点，直線といった5観点を設定し1点ずつ付与した。これらの設問においては，合計得点を算出し調査時期を独立変数とした分散分析を行った。設問3では3つの解答欄すべてに2.7と記入できていれば完答で1点を付与した。設問4，5では自由記述による回答を正答者と非正答者に分類し，正答者にはそれぞれ1点を付与した。設問6では式として正しく表現できていれば1点を付与した。これらにおいては設問別に$\chi^2$検定を行った。設問4，5については自由記述の内容に質的分析を加え，より詳細な実態把握を行うこととした。

## 表 3-4　密度の正答例

| 設問 | 正　答　例 |
|---|---|
| 1 | 【表の作成力：⑦】4 点満点<br><br>| 体積(cm$^3$) | 1 | 2 | 3 |<br>|---|---|---|---|<br>| 質量　(g) | 2.7 | 5.4 | 8.1 |<br><br>・表の形，項目，単位，数値：各 1 点 |
| 2 | 【グラフの作成力：⑧】5 点満点<br>・項目，単位，目盛り，原点，直線：各 1 点 |
| 3 | 【比の値の導出：①】完答 1 点<br>・2.7（3 つの解答欄すべて） |
| 4 | 【比の値の理解度：③】<br>・比の値はすべて 2.7（同じ）である<br>・ブロック 1 個につき重さが 2.7g ずつ増える |
| 5 | 【グラフの読解力：⑥】<br>・体積が 1 増えると重さが 2.7 ずつ増える<br>・原点を通る直線になっている<br>・体積が 2，3 倍になると，重さも 2，3 倍になる<br>・体積と重さは比例関係にある<br>・体積や重さが変わっても密度は変わらない |
| 6 | 【式による表現：⑨】1 点<br>・△÷○＝2.7，△＝2.7×○ など |

注）設問 4，5 は自由記述の設問，丸数字は図 3-4（P81）
に示した関数の指導事項と一致している。

## 3－2－3　地　震

　表 3-5（P88）に示したように，設問 1 では 2 つの解答欄に 80km と記入できていれば完答で 1 点を付与した。設問 2，5 では自由記述による回答を正答者と非正答者に分類し，正答者にはそれぞれ 1 点を付与した。設問 3 では 10 秒後，設問 4 では 240km と記入できていれば，それぞれ 1 点を付与した。いずれも設問別に $\chi^2$ 検定を行った。設問 2，5 については自由記述の内容に質的分析を加え，より詳細な実態把握を行うこととした。

表 3-5　地震の正答例

| 設問 | 正　答　例 |
|---|---|
| 1 | 【原因に基づく結果の考察：④】完答1点<br>・80km（2つの解答欄に） |
| 2 | 【規則性の導出：⑥】<br>・地震の揺れの伝わり方（速さ）は一定である<br>・時間が2，3倍になると距離も2，3倍になる<br>・時間と距離は比例関係にある |
| 3 | 【結果に基づく原因の考察：⑤】1点<br>・10秒後 |
| 4 | 【独立・従属変数の同定：①】1点<br>・240km |
| 5 | 【グラフの有用性：②】<br>・地震の揺れが伝わる距離と時間比例関係が分かりやすい<br>・何秒後に地震が発生したかが分かる<br>・比例関係を基に未知の数値の予測ができる |

注）設問2，5は自由記述の設問，丸数字は図3-4（P79）に示した
　関数の指導事項と一致している。

## 3-3　本章において期待される学習効果

　図3-2（P75）に示したように，本章では密度の理科授業後に，比例の数学授業を実施することとした。上述した「2-2」（P80）および「2-3」（P82）を踏まえ，両教科の学習内容を結論的に述べると，問題提示における事象は異なるものの，「2つの数量の関係を表に整理する」【②，⑦】，「表から$x$と$y$の比例関係を見いだす」【②，④，⑤，⑥，⑦】，「表に整理した結果をグラフに表す」【④，⑤，⑧】，「作成したグラフから分かることを書く」【②，⑥】，「内包量である比の値がすべて同じ値であることを見いだす」【①，③】，「2つの数量の関係を式に表す」【⑨】といった関数の指導事項（図3-4：P79）は一致している。したがって，学習効果としては，まず，密度の理科授業（9月中旬）に関数の指導事項を組み入れることで，9つの「見方・考え方」の働きがいずれも促進され，次に，これらを比例の数学授業（10月下旬）においても働かせられるよう繰り返し指導することで，2つの数量の関係の理解が更に深

まっていくとともに，その定着が期待される。そこで，内包量に関する設問（【①】を評価），密度に関する設問（【①，③，⑥，⑦，⑧，⑨】を評価），地震に関する設問（【①，②，④，⑤，⑥】を評価）を用いて，事前（9月上旬）から事中（理科授業後の10月上旬），事中から事後（数学授業後の11月中旬）にかけて，いずれの設問においても有意に上昇することを想定し，調査を行った。

## 第4節　数学との教科等横断的な学習を促す理科授業の効果

　本章の指導法の有効性を検証するために，まず，各調査問題の得点に基づく量的分析を行い，次に，自由記述の内容について質的分析を行った。そして，最後に関数の指導事項（図3-4：P79）の効果について検討を加えた。

### 4－1　量的分析による検討
### 4－1－1　内包量
　まず，個々の設問の正答者数について，表3-6（P90）に示したように，設問1「第1用法の理解度」は事前50人（正答者の割合84.7%），事中59人（100%），事後56人（94.9%），設問2「第2用法の理解度」は事前20人（33.9%），事中40人（67.8%），事後44人（74.6%），設問3「第3用法の理解度」は事前15人（25.4%），事中35人（59.3%），事後30人（50.8%），設問4「保存性の理解度A」は事前14人（23.7%），事中29人（49.2%），事後25人（42.4%），設問5「保存性の理解度B」は事前11人（18.6%），事中22人（37.3%），事後29人（49.2%）であった。

　次に，合計得点（5点満点）の平均値（標準偏差）について，事前は1.97（1.25），事中は3.14（1.24），事後は3.12（1.37）であった。分散分析を行ったところ，事前から事中，事前から事後にかけて有意な上昇が認められた（$F$ $(2,174) = 16.07$，$p < .001$）。

　このように，「3-3」（P88）で想定した事中から事後への有意な上昇は見ら

表3-6　内包量（量的分析）

| 設問 | 事前 | 事中 | 事後 |
|---|---|---|---|
| 1 | 50 (84.7) | 59 (100) | 56 (94.9) |
| 2 | 20 (33.9) | 40 (67.8) | 44 (74.6) |
| 3 | 15 (25.4) | 35 (59.3) | 30 (50.8) |
| 4 | 14 (23.7) | 29 (49.2) | 25 (42.4) |
| 5 | 11 (18.6) | 22 (37.3) | 29 (49.2) |

注）$n = 59$，単位は人（％）

れなかったが，事前から事中への有意な上昇は認められたため，内包量概念の形成は本章の理科授業を通して促進されることが分かった。さらに，「3－1－1」（P84）で述べたように，内包量に関する5つの設問は，いずれも図3-4（P79）に示した関数の指導事項【①】を評価するものであることから，本章の指導法は密度の理科授業において，【①】「関係付ける見方・考え方」を働かせることに効果があると考えられる。


4－1－2　密　度

　まず，合計得点について調査時期を独立変数とし分散分析を行った設問1，2について述べる。設問1「表の作成力」は事前の平均値2.22（標準偏差1.87），事中3.39（1.05），事後2.93（1.14）であった。分散分析を行ったところ，事前から事中，事前から事後にかけて有意な上昇が認められた（$F(2, 174) = 10.43$，$p < .001$）。設問2「グラフの作成力」は事前2.17（1.84），事中3.54（1.48），事後3.32（1.60）あった。分散分析を行ったところ，事前から事中，事前から事後にかけて有意な上昇が認められた（$F(2, 174) = 11.83$，$p < .001$）。

　次に，各設問の正答者数を算出し，設問別に$\chi^2$検定を行った設問3〜6について述べる。表3-7（P91）に示したように，設問3「比の値の導出」は事前24人（40.7％），事中55人（93.2％），事後55人（93.2％），設問4「比の値の理解度」は事前10人（16.9％），事中45人（76.3％），事後47人（79.7％），設問5「グラフの読解力」は事前22人（37.3％），事中51人（86.4％），事後

表3-7　密度（量的分析）

| 設問 | 事前 | 事中 | 事後 | $\chi^2$ 検定の結果 | | |
|---|---|---|---|---|---|---|
| | | | | $\chi^2$ 値 | 有意確率 | 多重比較 |
| 3 | 24 （40.7） | 55 （93.2） | 55 （93.2） | 14.35 | ** | 事前＜事中，事後 |
| 4 | 10 （16.9） | 45 （76.3） | 47 （79.7） | 25.47 | ** | 事前＜事中，事後 |
| 5 | 22 （37.3） | 51 （86.4） | 48 （81.4） | 12.61 | ** | 事前＜事中，事後 |
| 6 | 16 （27.1） | 43 （72.9） | 41 （69.5） | 13.58 | ** | 事前＜事中，事後 |

注）$n=59$，単位は人（％），$**p<.01$

48人（81.4％），設問6「式による表現」は事前16人（27.1％），事中43人（72.9％），事後41人（69.5％）であった。$\chi^2$ 検定を行ったところ，すべての設問において有意な差が認められた。多重比較の結果，すべての設問で事前から事中，事前から事後にかけて有意な上昇が認められた。

　このように，すべての設問において「3-3」（P88）で想定した事中から事後への有意な上昇は見られなかったが，事前から事中への有意な上昇は認められたため，密度の理科授業の文脈に即して出題した，2つの数量の関係の理解は本章の理科授業を通して促進されることが分かった。さらに，「3-1-2」（P84）で述べたように，設問1は図3-4（P79）に示した関数の指導事項【⑦】を，設問2は【⑧】を，設問3は【①】を，設問4は【③】を，設問5は【⑥】を，設問6は【⑨】をそれぞれ評価するものであることから，本章の指導法は密度の理科授業において，【①】「関係付ける見方・考え方」，【③】「対応の見方・考え方」，【⑥】「帰納的な見方・考え方」，【⑦】「順序づける見方・考え方」，【⑧】「全体の特徴を見いだす見方・考え方」，【⑨】「簡潔，明確に表す見方・考え方」を働かせることに効果があると言える。

## 4-1-3　地　震

　表3-8（P92）に示したように，設問1「原因に基づく結果の考察」は事前55人（93.2％），事中56人（94.9％），事後55人（93.2％），設問2「規則性の導出」は事前37人（62.7％），事中56人（94.9％），事後54人（91.5％），設問3「結果に基づく原因の考察」は事前49人（83.1％），事中54人（91.5％），事

表 3-8　地震（量的分析）

| 設問 | 事前 | 事中 | 事後 | $\chi^2$ 検定の結果 | | |
|------|------|------|------|--------|--------|----------|
| | | | | $\chi^2$ 値 | 有意確率 | 多重比較 |
| 1 | 55 （93.2） | 56 （94.9） | 55 （93.2） | 0.01 | *n.s.* | － |
| 2 | 37 （62.7） | 56 （94.9） | 54 （91.5） | 4.45 | *n.s.* | － |
| 3 | 49 （83.1） | 54 （91.5） | 55 （93.2） | 0.39 | *n.s.* | － |
| 4 | 34 （57.6） | 49 （83.1） | 47 （79.7） | 3.06 | *n.s.* | － |
| 5 | 19 （32.2） | 39 （66.1） | 41 （69.5） | 8.97 | ＊ | 事前＜事中，事後 |

注）$n = 59$，単位は人（％），$^*p < .05$

後 55 人（93.2%），設問 4「独立・従属変数の同定」は事前 34 人（57.6%），
事中 49 人（83.1%），事後 47 人（79.7%），設問 5「グラフの有用性」は事前
19 人（32.2%），事中 39 人（66.1%），事後 41 人（69.5%）であった。$\chi^2$ 検定
を行ったところ，設問 5 のみ有意な差が認められた。多重比較の結果，事前か
ら事中，事前から事後にかけて有意な上昇が認められた。

　このように，設問 1 〜 4 については，いずれも事前での正答者数が多く（設
問 1 から順に 55 人，37 人，49 人，34 人），事前から事中への上昇が困難で
あったため，「3−3」（P88）で想定したような結果には至らなかったと推察さ
れる。しかしながら，設問 5 については「3−3」（P88）で想定した事中から
事後への有意な上昇は見られなかったものの，事前から事中への有意な上昇は
認められたため，地震の理科教科書の文脈に即して出題した，2 つの数量の関
係の理解は本章の理科授業を通して，ある程度促進されることが分かった。さ
らに，「3−1−3」（P85）で述べたように，設問 1 は図 3-4（P79）に示した関
数の指導事項【④】を，設問 2 は【⑥】を，設問 3 は【⑤】を，設問 4 は【①】
を，設問 5 は【②】をそれぞれ評価するものであることから，本章の指導法は
密度の理科授業において，【②】「変数の見方・考え方」を働かせることに効
果があると考えられる。

## 4－2　質的分析による検討

### 4－2－1　密　度

　まず，表3-9に示した結果から，設問4「比の値の理解度」について，「ブロックの個数が増えても比の値はすべて2.7になる」と考えることができた生徒は，事前8人（13.6%），事中44人（74.6%），事後43人（72.9%）であり，本章の理科授業を通して，【③】「対応の見方・考え方」を働かせ，2つの数量の関係を比で捉えられる生徒が増加することが示された。一方，誤答に着目すると，「2.7ずつ増えている」「2倍，3倍になっている」といった記述が見られた。ここでいう比の値とはアルミニウムのブロックの密度（内包量）のことであり，重さ（全体量）および体積（土台量）という2つの外延量から決定される。斎藤（2002）は内包量の概念を獲得するためには，内包量，全体量，土台量といった三者の「関係性」（2つの量が既知の時に残りの未知の量が求められる）と「独立性」（全体量や土台量の多少に関わらず当該内包量の"強さ"は一定である）の両方を理解する必要があると述べている。斎藤（2002）の知見に基づくならば，誤答者は三者（内包量，全体量，土台量）の「独立性」の理解が不十分であったと考えられる。

　次に，表3-10（P94）に示した結果から，設問5「グラフの読解力」について，「体積と重さが比例関係にある」と考えることができた生徒は，事前6人（10.2%），事中28人（47.5%），事後27人（45.8%）であり，本章の理科授業

表3-9　密度【設問4】（質的分析）

| | 設問4の記述例 | 事前 | 事中 | 事後 |
|---|---|---|---|---|
| 正答 | ・ブロックの個数が増えても比の値はすべて2.7になる | 8 | 44 | 43 |
| | ・ブロックが何個増えても，重さも比例して増えていくから比の値は変わらない | 3 | 6 | 2 |
| | ・ブロックが1個増えると，2.7gずつ重さが増えていく | 2 | 1 | 2 |
| | ・ブロックが2倍，3倍になると，重さも2倍，3倍になる | 1 | 2 | 0 |
| 非正答 | 誤答（2.7ずつ増えている，2倍，3倍になっている） | 15 | 9 | 7 |
| | 無回答 | 34 | 5 | 5 |

注）$n=59$，単位は人，正答の記述例は延べ人数

表 3-10　密度【設問 5】（質的分析）

| | 設問 5 の記述例 | 事前 | 事中 | 事後 |
|---|---|---|---|---|
| 正答 | ・体積と重さが比例関係にある | 6 | 28 | 27 |
| | ・体積が 1cm³ ずつ増えていくと，重さも 2.7g ずつ増えていく | 12 | 12 | 13 |
| | ・原点を通る直線になっている | 6 | 11 | 10 |
| | ・体積を 2 倍，3 倍にすると，重さも 2 倍，3 倍になる | 0 | 6 | 6 |
| | ・1cm³ の時だけでなはく，1.5cm³ や 0.5cm³ の時の重さも分かる（測定しなくても結果が分かる） | 1 | 5 | 2 |
| | ・重さ÷体積は 2.7 で一定している | 0 | 0 | 1 |
| 非正答 | 誤答（グラフがまっすぐ上にいくようになっている，どのように変化していくかなどが見た目でわかる） | 8 | 3 | 2 |
| | 無回答 | 29 | 5 | 9 |

注）$n=59$，単位は人，正答の記述例は延べ人数

を通して，【⑥】「帰納的な見方・考え方」を働かせ，グラフから 2 つの数量の変化や対応の関係を捉えられる生徒が増加することが示された。一方，誤答に着目すると，「グラフがまっすぐ上にいくようになっている」「どのように変化していくかなどが見た目でわかる」といった記述が見られた。このことから，誤答者は比例関係として捉えられる 2 つの数量の変化や対応の特徴を見いだせていないことが推察される。

4-2-2　地　震

　まず，表 3-8（P92）に示したように，地震に関する調査問題では，設問 5「グラフの有用性」以外，有意な差は見られなかった。設問 2「規則性の導出」に関する自由記述を分類した表 3-11（P95）の結果から，「地震の揺れは一定の速さで広がっている（進んでいる）」と考えることができた生徒は，事前 35人（59.3%），事中 43 人（72.9%），事後 36 人（61.0%）であり，いずれの調査時期においても同程度の正答者数であることが分かった。また，「地震の伝わり方は時間と距離が比例している」と考えることができた生徒は，事前 3 人（5.1%），事中 16 人（27.1%），事後 20 人（33.9%）であり，本章の理科授業を

表3-11　地震【設問2】（質的分析）

| | 設問2の記述例 | 事前 | 事中 | 事後 |
|---|---|---|---|---|
| 正答 | ・地震の揺れは一定の速さで広がっている（進んでいる） | 35 | 43 | 36 |
| | ・地震の伝わり方は時間と距離が比例している | 3 | 16 | 20 |
| | ・揺れは常に同じ速度で伝わっていき，揺れが10秒に80kmなので，時間を$x$，距離を$y$とすると，$y=8x$の式が成り立つから比例関係になる | 0 | 0 | 1 |
| 非正答 | 誤答（10秒で40kmずつ増える，最初はあまり揺れない，時間がたつにつれて揺れが大きくなる） | 11 | 1 | 3 |
| | 無回答 | 11 | 2 | 2 |

注）$n=59$，単位は人，正答の記述例は延べ人数

通して，【⑥】「帰納的な見方・考え方」を働かせ，グラフから2つの数量の変化や対応の関係を捉えられる生徒が増加するともに，事中から事後にかけても増加が認められたことから，理科と数学の授業を通して繰り返し指導することの重要性が示唆される。加えて，事後では「揺れは常に同じ速さで伝わっていき，揺れが10秒に80kmなので，時間を$x$，距離を$y$とすると，$y=8x$の式が成り立つから比例関係になる」といった記述から，伴って変わる2つの数量を取り出して，その変化や対応の仕方に着目し，関数関係を見いだして考察し表現する力の素地が身に付いてきたものと考えられる。「式についての考え方」は理科と数学の授業を通して繰り返し指導する必要があり，「時間を$x$，距離を$y$とする」といった「一般化の考え方」については，数学固有の「見方・考え方」の1つであることから，ここに本章における比例の数学授業の効果があったことが示唆される。

　一方，誤答に着目すると，「10秒で40kmずつ増える」「最初はあまり揺れない」「時間がたつにつれて揺れが大きくなる」といった記述が見られた。前者については目盛りを読み誤った可能性があり，「10秒で80kmずつ増える」と記述できれば，正答の「地震の揺れは一定の速さで広がっている（進んでいる）」に分類された。後者については，グラフの縦軸に記載されている見出し（地震発生地からの揺れが伝わる距離）と単位（km）の把握が不十分であり，右肩上がりに推移していくグラフが地震の揺れの大きさを示していると誤って

表 3-12　地震【設問 5】（質的分析）

| | 設問 5 の記述例 | 事前 | 事中 | 事後 |
|---|---|---|---|---|
| 正答 | ・時間と地震の揺れが伝わる距離が比例している関係がすぐにわかる | 13 | 31 | 33 |
| | ・10 秒ごとに 80km 揺れが伝わるという規則性があるから，先が予測できるというよさがある | 6 | 11 | 9 |
| 非正答 | 誤答（区切りのいい数字で目盛りをつけている，しっかり単位が書いてあって分かりやすい，パッと見ただけで揺れの大きさなどが分かる） | 17 | 11 | 5 |
| | 無回答 | 23 | 9 | 10 |

注）$n = 59$，単位は人，正答の記述例は延べ人数

解釈したと推察される。

　次に，表 3-12 に示した結果から，設問 5「グラフの有用性」について，「時間と地震の揺れが伝わる距離が比例している関係がすぐにわかる」と考えることができた生徒は，事前 13 人（22.0%），事中 31 人（52.5%），事後 33 人（55.9%）であり，本章の理科授業を通して，【②】「変数の見方・考え方」を働かせ，独立変数（時間）と従属変数（揺れが伝わる距離）の 2 変数の比例関係を表したグラフの特徴を理解できる生徒が増加するともに，事中から事後にかけても増加が認められたことから，理科と数学の授業を通して繰り返し指導することの重要性が示唆される。さらに，「10 秒ごとに 80km 揺れが伝わるという規則性があるから，先が予測できるというよさがある」といった記述が，事前で 6 人（10.2%），事中で 11 人（18.6%），事後で 9 人（15.3%）認められたものの，理科と数学の授業後であってもその割合は 20% 以下であることから，既知の数値データに基づきそのデータの範囲内または範囲外の数値を推定するといった内挿・外挿の「発展的な考え方」を働かせながら 2 つの数量の関係を把握できる生徒は少ないことが示された。この点について布川（2012）は，「布川（2011）の示す小学校 4 年生が内挿や外挿を行う事例は，同じ割合で変化するといった関係の特徴が捉えられれば，離散的なデータから他の値を求めることが 4 年生でも十分できることを示している。ここでも問題になるのは，そうした探究を表やグラフが表す関係の特徴として扱っていくという，活

動の意味づけだと考えられる」と述べている。布川（2011, 2012）の知見は，2つの数量の関係の学習として，理科の密度と数学の比例を取り上げ，理科と数学の教師が2つの数量の関係を表やグラフ，式で表し，その関数関係が比例であることを捉えさせ，それらの変化や対応の仕方についてさまざまな特徴を理解させるといった授業展開を重視した本章の目的と一致している。

　しかしながら，設問5「グラフの有用性」において，内挿・外挿の「発展的な考え方」を働かせながら2つの数量の関係を把握できる生徒が少ないという調査結果を踏まえると，教科等横断的に関係付ける要となる各教科の共通性と，各教科の本質に関わる固有性について整理し，2つの数量の関係を理解するといった活動の意味づけを促進するとともに，本章の継続的な積み重ねが求められる。一方，誤答に着目すると，「区切りのいい数字で目盛りをつけている」「しっかり単位が書いてあって分かりやすい」「パッと見ただけで揺れの大きさなどが分かる」といった記述が見られた。これらは，いずれもグラフの表現上の特徴を指摘している回答であり，「グラフの有用性」については見いだせていないことが推察される。

## 4－3　関数の指導事項の効果

　これまで述べてきたように，本章の指導法は密度の理科授業において，図3-4（P79）に示した関数の指導事項のうち，【①】「関係付ける見方・考え方」，【②】「変数の見方・考え方」，【③】「対応の見方・考え方」，【⑥】「帰納的な見方・考え方」，【⑦】「順序づける見方・考え方」，【⑧】「全体の特徴を見いだす見方・考え方」，【⑨】「簡潔，明確に表す見方・考え方」を働かせることに効果があると言える。それでは，これらの「見方・考え方」の個々について，それぞれどのような指導の効果があると解釈できるのだろうか。表3-13は，関数の指導事項について，効果が認められた調査問題には「○」，認められなかった調査問題には「△」，評価の対象としなかった調査問題には「－」をそれぞれ記したものである。なお，ここでいう効果とは，「4－1」（P89）で述べたように，事前から事中（理科授業後），事前から事後（数学授業後）にかけて有意な上昇が認められたものを意味している。

表 3-13　関数の指導事項と調査問題

| 関数の指導事項 | 調査問題 | | |
|---|---|---|---|
| | 内包量 | 密度 | 地震 |
| 【①】関係付ける | ○（設問 1〜5） | ○（設問 3） | △（設問 4） |
| 【②】変数 | － | － | ○（設問 5） |
| 【③】対応 | － | ○（設問 4） | － |
| 【④】原因から結果を推測する | － | － | ○（設問 1） |
| 【⑤】結果から原因を推測する | － | － | ○（設問 3） |
| 【⑥】帰納的 | － | ○（設問 5） | ○（設問 2） |
| 【⑦】順序づける | － | ○（設問 1） | － |
| 【⑧】全体の特徴を見いだす | － | ○（設問 2） | － |
| 【⑨】簡潔，明確に表す | － | ○（設問 6） | － |

注）○：効果あり，△：効果なし，－：評価対象外

　表 3-13 に示した結果から，関数の指導事項の個々について，それぞれどのような指導の効果があると解釈できるのか，以下に考察する。まず，【①】「関係付ける見方・考え方」については内包量（設問 1〜5）と密度（設問 3：比の値の導出）で効果が認められ，地震（設問 4：独立・従属変数の同定）では効果が見られなかった。しかし，表 3-8（P92）に示したように，地震（設問 4）の正答者数を見てみると，有意ではないものの事前 34 人（57.6%）から事中 49 人（83.1%）にかけて上昇しており，一定の効果が認められた。併せて，【③】「対応の見方・考え方」についても密度（設問 4：比の値の理解度）で効果が認められた。以上のことから，密度の理科授業で「それぞれの測定結果について，体積に対する比の値を計算で求め，比の値から分かることを書く」といった，2 つの数量の関係について考察する学習場面を設定し，【①】や【③】の「見方・考え方」を働かせられるよう指導したことの効果が示唆される。

　次に，【②】「変数の見方・考え方」については地震（設問 5：グラフの有用性）で，【⑦】「順序づける見方・考え方」については密度（設問 1：表の作成力）で，【⑧】「全体の特徴を見いだす見方・考え方」については密度（設

問2：グラフの作成力）でそれぞれ効果が認められた。併せて，【⑥】「帰納的な見方・考え方」については密度（設問5：グラフの読解力）で効果が認められ，地震（設問2：規則性の導出）では効果が見られなかった。しかし，表3-8（P92）に示したように，地震（設問2）の正答者数を見てみると，有意ではないものの事前37人（62.7%）から事中56人（94.9%）に上昇しており，一定の効果が認められた。以上のことから，密度の理科授業で「体積と重さの関係を表に整理する」「表に整理した結果をグラフに表す」「作成したグラフからわかることを書く」といった，データ処理に関する一連の学習場面を設定し，【②，⑥，⑦，⑧】の「見方・考え方」を働かせられるよう指導したことの効果が示唆される。

　最後に，【⑨】「簡潔，明確に表す見方・考え方」については密度（設問6：式による表現）で効果が認められた。このことから，密度の理科授業で「表やグラフを踏まえ，アルミニウムのブロックの体積を○ cm$^3$，重さを△gとして，○と△の関係を式に表す」といった考察の学習場面を設定し，【⑨】の「見方・考え方」を働かせられるよう指導したことの効果が示唆される。

　なお，【④】「原因から結果を推測する見方・考え方」および【⑤】「結果から原因を推測する見方・考え方」については，地震（設問1：原因に基づく結果の考察，設問3：結果に基づく原因の考察）でいずれも効果が見られなかった。これは，表3-8（P92）に示したように，事前での正答者数が地震（設問1）で55人（93.2%），地震（設問3）で49人（83.1%）と多く，事前から事中（理科授業後）への上昇が困難であったことによるものと考えられる。したがって，密度の理科授業で「表に整理した結果をグラフに表す」といったグラフ作成に関する学習場面を設定し，【④】や【⑤】の「見方・考え方」を働かせられるよう指導したことの効果については，本章内では検証できない。今後の追試研究が望まれる。

## お わ り に

　本章では，中学校理科の密度の学習において，理科教師が数学の関数の指導事項を導入し，2つの数量の関係に着目させ，その特徴を表やグラフ，式を相互に関連付けて考察させる指導法の効果について検討することを第一の目的とした。また，理科の授業（密度）後に，数学の授業（比例）を実施し，関数の指導事項を両教科の教師が繰り返し指導する効果について検討することを第二の目的とした。これらの目的を達成するために，中学校第1学年の生徒を対象とした密度の理科授業と比例の数学授業を行うとともに，理解の程度を測定する調査問題を課した。まず，各調査問題について量的分析を行ったところ，本章の指導法は密度の理科授業において，2つの数量の関係を理解させる上で効果があることが明らかとなった。次に，質的分析を行ったところ，理科と数学の授業を通して両教科に共通する関数の指導事項を繰り返し指導することの重要性が示唆された。

　このような成果を得ることができた要因を整理すると，次の5つが挙げられる。

- ・図3-4（P79）に示した関数の指導事項について両教科の教師が協議し，理科の密度（図3-5）（P81）と数学の比例（図3-6）（P83）の両授業において，どの「見方・考え方」を働かせられるように指導するのかを明確にしたこと
- ・理科授業において，アルミニウムのブロック（立方体）の体積や質量に着目させ，物質の密度を測定するといった探究的な活動を行わせたこと
- ・理科授業では調べた実験結果について，数学授業では与えられた関数関係について，それぞれ表やグラフにまとめさせ，規則性や法則性を見いださせたり，その関係を関数として式で表現し考察させたりしたこと
- ・両教科において，2つの数量の関係を表に示し，それを基に変化の様子を調べさせたり，対応のきまりを見いださせたりしたこと
- ・両教科において，表に示される比例関係を連続的かつ全体的に把握するた

　めにグラフ化させたり，それを簡潔に表現し厳密に考察するために式で
　表現させたりしたこと

　これら5つの指導法を適用したことにより，2つの数量の関係の理解が促進
されたものと推察される。以上のことを踏まえ，本章で得られた知見は，理解
が難しいとされる内包量の形態をとる概念（例えば，密度，圧力，湿度，オー
ムの法則，フックの法則）の獲得を促進する指導法としての可能性を裏付ける
根拠と示唆を得るとともに，理科と数学の教科等横断的な学習を充実させるた
めの授業を構想する際の基礎資料となることが期待される。しかしながら，本
章で実施した調査は約2ヶ月半（事前：9月上旬，事中：10月上旬，事後：
11月中旬）という短期間に，同一の問題を用いて3回行われており，その学
習効果的な影響も考えられるため，上述した知見や成果に関する解釈は，本章
の範囲内という条件付きであることを断っておく。

### 注釈

1)　精査した2015年文部科学省検定済の教科書は，『新しい科学1年』（東京書籍），『未来へ
　ひろがるサイエンス1』（啓林館），『理科の世界1年』（大日本図書），『中学校科学1』（学校
　図書），『自然の探究　中学校理科1』（教育出版），の5つである。これらのうち，物質の密
　度を求める実験を課題解決の学習として記載しているのは，『未来へひろがるサイエンス1』
　（啓林館）と『中学校科学1』（学校図書）であった。なお，本章において理科の授業を実施
　した2019年度における各教科書の占有率は，東京書籍が34.0%，啓林館が31.4%，大日本図
　書が27.7%，学校図書が4.7%，教育出版が2.2%であった（時事通信社，2019）。
2)　中学校数学における指導改善のポイントとして，「関数の意味を理解し，関数関係を見い
　だしたり，関数を判断したりする活動の重視」することが明記されている。具体的には，「2
　つの数量の関係から関数関係を見いだし，関数を判断することができるようにするために，
　具体的な事象において取り出した2つの数量の変化や対応の特徴を表，式，グラフを用いて
　捉え，それらを相互に関連付けて考察することを通して，どのような関数になりそうか検討
　し，関数を判断する活動を重視することが大切である」と記載されている。
3)　調査問題を実施する上で，以下の3点を遵守した。
　　・回答の有無や内容によって個人に不利益が生じないこと
　　・回答内容を学術的な目的以外に使用しないこと
　　・個別の結果を漏洩しないこと

**参考文献**

1) 山田貴之・稲田佳彦・岡崎正和・小林辰至 (2020)「『関数的な見方・考え方』を働かせた理科授業の改善に関する一考察 ― 数学と理科の教科等横断的な視点から ―」『上越教育大学研究紀要』第 39 巻, 第 2 号, 555-575。

**引用文献**

1) Commission on Science Education of the American Association for the Advancement of Science (1963). Science-A Process Approach Commentary for Teachers, AAAS/XEROX Corporation, 7-8.

2) 安藤秀俊・小原美枝 (2010)「数学と理科の関わりについての意識調査」『科学教育研究』第 34 巻, 第 2 号, 207-219。

3) 中央教育審議会 (2016)『幼稚園, 小学校, 中学校, 高等学校及び特別支援学校の学習指導要領等の改善及び必要な方策等について (答申)』24, 145-146, 151-153。

4) 中央教育審議会初等中等教育分科会教育課程部会理科ワーキンググループ (2016)「『科学的な見方や考え方』と『理科における見方・考え方』についての整理」。
(http://www.mext.go.jp/b_menu/shingi/chukyo/chukyo3/060/siryo/__icsFiles/afieldfile/2016/06/22/1372253_1_2.pdf)

5) 藤村宣之 (1990)「児童期における内包量概念の形成過程について」『教育心理学研究』第 38 巻, 第 3 号, 277-286。

6) 福岡敏行・大貫麻美・金子祐子 (2006)「『単位』概念の構築に関する基礎的研究～計量単位に関するコンセプトマップを使った分析～」『横浜国立大学教育人間科学部紀要Ⅰ, 教育科学』第 8 集, 201-214。

7) Hewson, M. G., & Hewson, P. W. (1983). Effect of instruction using students' prior knowledge and conceptual change strategies on science learning. Journal of Research in Science Teaching, 20, 731-743.

8) 石井俊行 (2015)「中学理科の圧力の理解を深めさせる指導に関する一考察 ― 数学の反比例の学習を活かして ―」『科学教育研究』第 39 巻, 第 1 号, 42-51。

9) 石井俊行・橋本美彦 (2013)「教科間における学習の転移を促す条件に関する考察とその提言 ― 理科『光の反射』と数学『最短距離』の作図を通して ―」『科学教育研究』第 37 巻, 第 4 号, 283-294。

10) 石井俊行・橋本美彦 (2016)「理科・数学教師間の連携の強さが学習の転移に及ぼす影響～類推的な問題解決能力の向上を目指して～」『科学教育研究』第 40 巻, 第 3 号, 281-291。

11) 石井俊行・箕輪明寛・橋本美彦 (1996)「数学と理科との関連を図った指導に関する研究 ― 文脈依存性を克服した指導への提言 ―」『科学教育研究』第 20 巻, 第 4 号, 213-220。

12) 時事通信社 (2019)「19 年度中学校教科書採択状況 ― 文科省まとめ」『内外教育』第

6724号，12-14。

13) 片桐重男（2004a）『新版 数学的な考え方とその指導 第2巻 指導内容の体系化と評価 ― 数学的な考え方を育てるために ―』明治図書。

14) 片桐重男（2004b）『数学的な考え方の具体と指導 ― 算数・数学科の真の学力向上を目指して ―』明治図書。

15) 国立教育政策研究所（2013）『平成25年度学習指導要領実施状況調査教科等別分析と改善点（中学校理科）』1-37。
（https://www.nier.go.jp/kaihatsu/shido h25/02h25/04h25bunseki_rika.pdf）

16) 国立教育政策研究所（2018）『平成30年度全国学力・学習状況調査報告書【中学校／数学】』8-9。
（https://www.nier.go.jp/18chousakekkahoukoku/report/data/18mmath_02.pdf）

17) 高阪将人（2015a）「理科と数学を関連付けるカリキュラム開発のための理論的枠組みの構築 ― 関連付ける方法とその意義に焦点を当てて ―」『数学教育学研究』第21巻，第2号，103-112。

18) 高阪将人（2015b）「理科と数学を関連付けるカリキュラム構成原理に関する研究 ― ザンビア共和国中等理数科教育の事例を通して ―」『広島大学大学院国際協力研究科博士論文』16-26。

19) 三﨑隆（1999）「計算能力にかかわる文脈依存性を生かした指導法に関する研究」『科学教育研究』第23巻，第5号，348-356。

20) 文部科学省（2008）『中学校学習指導要領解説理科編』大日本図書，28-30。

21) 文部科学省（2015）「育成すべき資質・能力を踏まえた教育目標・内容と評価の在り方に関する検討会（論点整理）」。
（https://www.mext.go.jp/component/b_menu/shingi/toushin/icsFiles/afieldfile/2014/07/22/134 6335_02.pdf）

22) 文部科学省（2018a）「中学校学習指導要領（平成29年告示）解説数学編」日本文教出版，21, 82-87。

23) 文部科学省（2018b）「中学校学習指導要領（平成29年告示）解説理科編」学校図書，12, 16-19, 35-37。

24) 永瀬美帆（2003）「密度概念の質的理解の発達 ― 均等分布理解と関係概念の定性的理解からの検討 ―」『教育心理学研究』第51巻，第3号，261-272。

25) 中島健三（1981）『算数・数学教育と数学的な考え方 ― その進展のための考察 ―』金子書房。

26) 西川純（1994）「理科における計算能力の文脈依存性に関する研究～オームの法則を事例として～」『日本理科教育学会研究紀要』第35巻，第1号，53-58。

27) 野添生・天野秀樹（2016）「教科間連携を図った中学校理科における授業実践研究 ―『密

度』を題材にした理科と数学の相関カリキュラムの開発を中心として ― 」『日本科学教育学会研究会研究報告』第 31 巻，第 2 号，27-30。

28)　布川和彦（2011）「関数的内容の学習におけるきまりの関連づけと対象の構成」『上越数学教育研究』第 26 号，1-12。

29)　布川和彦（2012）「関数的内容の学習におけるきまりの関連づけと対象の構成（2）」『上越数学教育研究』第 27 号，1-12。

30)　斎藤裕（2002）「短大生を対象とした内包量の理解に関する研究」『県立新潟女子短期大学研究紀要』第 39 号，25-35。

31)　斎藤裕（2017）「『相加平均』操作に焦点を当てた内包量の理解度調査とその学習支援方略の研究」『人間生活学研究』第 8 号，81-88。

32)　島田功（2018）「算数科学習指導論 ― 問題解決能力の育成と問題発見能力の育成に焦点を当てて ― 」『日本体育大学大学院教育学研究科紀要』第 1 巻，第 1・2 合併号，51-65。

33)　高森潤（1981）「中学生における密度概念の理解に関する調査」『日本理科教育学会研究紀要』第 21 巻，第 3 号，1-8。

34)　辻千秋・伊禮三之・石井恭子（2010）「内包量概念の形成に関する調査研究」『福井大学教育実践研究』第 35 号，97-102。

35)　山田貴之・田代直幸・田中保樹・小林辰至（2015）「小・中学校の理科教科書に掲載されている観察・実験等における "The Four Question Strategy（4QS）" の適用の可能性に関する研究 ― 自然事象に関わる因果関係の観点から ― 」『理科教育学研究』第 56 巻，第 1 号，105-122。

36)　湯澤正通・山本泰昌（2002）「理科と数学の関連付け方の異なる授業が中学生の学習に及ぼす効果」『教育心理学研究』第 50 巻，第 3 号，377-387。

## 付記

　本章は『理科教育学研究』第 62 巻，第 2 号（2021）に掲載された「数学との教科等横断的な学習を促す理科授業の試み ― 関数概念を有する密度の学習に焦点を当てて ― 」を書き直したものである。

## 資料3-1　内包量に関する調査問題

　鉄と木のどちらが重いかと問われたら，あなたは，どのように答えますか。鉄の方が重くて，木は軽いと答えますか。しかし，体積が$1cm^3$の鉄と，体積が$1000cm^3$の松の木の重さを比べると，松の木の方が重いです。鉄と木のどちらが重いかは，体積を同じにして比べなければ，どちらとも言うことができません。

　そこで，物質の重さは，体積$1cm^3$あたりの重さで比べることになっています。体積$1cm^3$あたりの重さのことを「密度」といいます。密度は，次の式で求めることができます。

　　密度（$g/cm^3$）＝物質の重さ（g）÷物質の体積（$cm^3$）

　下の表は，4種類の物質の密度を示したものです。この表の物質について，以下の問題に答えてください。

| 物質 | 密度（$g/cm^3$） |
|------|------|
| A | 3 |
| B | 8 |
| C | 20 |
| D | 10 |

問1　ある物質の体積は，$100cm^3$で，重さは800gでした。この物質はA〜Dのどれでしょう。
　　　ア　Aの物質　　イ　Bの物質　　ウ　Cの物質　　エ　Dの物質
　　　オ　わからない
問2　Aの物質$20cm^3$とC物質$5cm^3$とでは，どちらの方が重いですか。
　　　ア　Aの物質　　イ　Bの物質　　ウ　Cの物質　　エ　Dの物質
　　　オ　わからない
問3　重さが100gのCの物質とDの物質とでは，どちらの方が体積が大きいですか。
　　　ア　Aの物質　　イ　Bの物質　　ウ　Cの物質　　エ　Dの物質
　　　オ　わからない
問4　Bの物質が$10cm^3$のときの密度と$100cm^3$のときの密度とでは，どちらが大きいでしょう。
　　　ア　$10cm^3$のとき　　イ　$100cm^3$のとき　　ウ　どちらも同じ
　　　エ　わからない
問5　Dの物質が1gのときの密度と100gのときの密度とでは，どちらが大きいでしょう。
　　　ア　1gのとき　　イ　100gのとき　　ウ　どちらも同じ
　　　エ　わからない

注）紙面の都合上，各問の解答欄は省略した。

### 資料 3-2　密度に関する調査問題

　A君は，アルミニウムのブロックを1個，2個，3個と増やしていくと，重さがどのように変わるかを調べました。測定に使ったアルミニウムのブロックは，体積が1cm$^3$の立方体です。重さは，図1のようにして電子てんびんではかりました。測定結果は，図2のようになりました。測定結果について，以下の問題に答えてください。

　図1　体積が1cm$^3$のアルミニウムを1個，2個，3個と増やして重さを測
　　　　定しているようす

> [結果]
> 　1cm$^3$のとき 2.7g　2cm$^3$のとき 5.4g　3cm$^3$のとき 8.1g

### 図2　A君がノートにメモした測定結果

問1　A君がノートにメモした測定結果を表にまとめてください。

問2　測定結果をグラフにしてください。

問3　それぞれの測定結果について，体積に対する比の値を計算で求めて，下の
　　　（　）内に記入してください。
　　　・アルミニウムのブロックが1個のときの比の値は（　　　）です。
　　　・アルミニウムのブロックが2個のときの比の値は（　　　）です。
　　　・アルミニウムのブロックが3個のときの比の値は（　　　）です。

問4　比の値から何が分かりますか。

問5　グラフからどんなことが分かりますか。

問6　問2のグラフについて，アルミニウムのブロックの体積を○cm$^3$，重さを
　　　△gとして，○と△の関係を式に表してください。

注）紙面の都合上，各問の解答欄は省略した。

## 資料 3-3　地震に関する調査問題

　右のグラフは，地震が発生した後の，時間（秒）と地震の揺れが伝わる距離の関係を示しています。

　このグラフについて，以下の問題に答えてください。

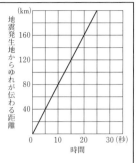

問1　地震が発生して 0 秒から 10 秒の間に，揺れは何 km 伝わりますか。また，10 秒から 20 秒の間に何 km 伝わりますか。グラフから読み取って，それぞれ何 km か答えてください。

問2　問1で答えたことから，地震の揺れの伝わり方には，どのような規則性（きまり）があると考えましたか。

問3　A 君はある日，地震の揺れを感じました。その日のテレビのニュースで，住んでいる町が地震発生地から，80km 離れていたことを知りました。A 君は，地震が発生した後，何秒後に揺れを感じたのでしょうか。グラフから読み取って答えてください。

問4　地震が発生して 30 秒後に地震の揺れを感じる人は，最初に地震が発生した場所から何 km 離れたところに住んでいると考えられますか。

問5　地震が発生した後の，時間（秒）と地震の揺れが伝わる距離の関係を示した，上のグラフには，どのようなよさがあると思いますか。

注）紙面の都合上，各問の解答欄は省略した。

第**4**章

# 理科と数学の学習の順序性が密度概念の理解に及ぼす効果
― 中学校第 1 学年理科「密度」の発展的授業を通して ―

## はじめに

### 1 理科と数学との関連について

　中学校学習指導要領（平成 29 年告示）解説理科編（文部科学省，2018a）では，指導計画作成上の配慮事項の 1 つに，他教科等との関連を図ることが挙げられ，各教科と関連する内容や学習時期を把握し，教員間で相互に連携しながら，学習の内容や系統性に留意し，学習活動を進めていくことが求められている。特に，平成 24 年度全国学力・学習状況調査【中学校】報告書（国立教育政策研究所，2012）における理科の「学習指導に当たって」では，実験から得られた数値を表にまとめたりグラフ化したりして，定量的な規則性を見いださせたり，式のもつ意味を理解して計算させたりすることが明記されていることから，数学の学習内容との関連を図った理科授業の必要性が示唆される。

　これまでにも理科と数学との関連についての研究はいくつか報告されている。例えば，石井・箕輪・橋本（1996）は，「数学と理科の教師が互いに両教科の学習内容を把握し，生徒に学習の転移が起きやすいような指導を行えば，生徒は両教科においてより確実な理解ができる可能性がある。このことは，数学と理科の関連を重視した指導を行うことの有効性を示唆している」と述べている。石井・橋本（2013）は，「理科と数学の内容は相互依存の関係にあり，自然の事象を対象とした理科の学習を数学の学習と関連させながら進めていくことは，生徒の科学に対する理解を深めるためにとても重要である」と述べて

いる。安藤（2014）もまた，理科と数学を単独の教科として捉えるのではなく，理科の学習に数学の要素を，数学の学習に理科の要素を導入するなど，互いの教科が連携し合う横断的な指導の必要性を示唆している。しかし，これらの報告はいずれも質問紙や調査問題の結果に基づいて導出された知見であり，上述した平成24年度全国学力・学習状況調査【中学校】報告書（国立教育政策研究所，2012）の結果を踏まえ，数学の学習内容との関連を図った理科授業が求められる。

　それでは，数学と関連付けた理科の授業を行うに当たり，どの学年のどの時期に，どんな内容を取り上げれば学習効果が期待できるのだろうか。前出の石井ら（1996）は，中学校3年間の理科の学習事項・学習時間を縦軸に，数学の学習事項・学習時間を横軸にとり，理科が数学よりも先行している単元と，数学が先行している単元を表に整理するとともに，既習の数学の知識を用いて理科を行える学習事項を明らかにしている（表4-1：P111）[注1]。ここで第1学年理科の密度に着目すると，数学との関連が示されている9つの学習事項のうち8つは密度の方が先行しているため（表4-1中の○），数学の既習知識を用いた理科授業を行うことは困難であると言える。

## 2　密度概念の理解について

　中学校の理科授業において，密度，フックの法則，圧力，オームの法則は，いずれも内包量の基本的な形態を示しており，その理解が難しいことが報告されている（例えば，高森，1981；堀，1989；河原田・千葉，1991；福山，2000など）。内包量とは，長さ・重さ・時間・面積などのように加法性をもつ外延量の商によって表される量（速度・密度・濃度など）のことである（銀林，1957）。このように，生徒にとって理解が難しいとされている密度について，中学校学習指導要領解説理科編（文部科学省，2008）では，「金属やプラスチックなどの様々な固体の物質の密度を測定する実験を行い，求めた密度から物質を区別できることに気付かせる」ことが求められている。これに準拠した2015年文部科学省検定済の中学校理科教科書（学校図書，2018）では，1円硬貨20枚分の質量を電子天秤で，その体積をメスシリンダーでそれぞれ測

定し，密度を算出する実験が掲載されている。このような「教科書に即した密度の理科授業」[注2] では，ある物質における一組の質量と体積を測定し，密度を求める公式に当てはめて計算すれば，その物質が何であるかを知る手がかりになることを理解させる程度に留まっている。こうした従来の指導方法においては，理科と数学は単独の教科として捉えられ，両教科の教師が理科と数学の学習内容や系統性に留意し，理科の学習に数学の要素を，数学の学習に理科の要素を導入するといった連携は図られていない。これでは，生徒にとって理解が難しいとされている密度概念を獲得させることはできないのではないだろうか。

しかし，表4-1（P111）に示したように，第1学年理科の密度は7月頃に，数学の比例と反比例は11月頃に行われることが一般的であり，後述する本章の調査対象校においても同様の教育課程が編成されている。このように，数学の授業が理科の授業より先行することが望ましいと思われるが（石井ら，1996），そのような編成になっていないのが現状なのである。

## 3 理科と数学の学習の順序性について

これまで述べてきたことを踏まえ，本章では，中学校第1学年において「教科書に即した密度の理科授業」の後に，理科教師が数学の「C 関数 C（1）比例，反比例」（文部科学省，2018b）の指導事項を導入し，数学の学習内容との関連を図った理科授業（以後「密度の理科発展的授業」と表記）を行うことで，生徒の密度概念の理解にどのような影響を及ぼすのかを明らかにしたいと考えた。具体的には，複数の物質について体積を変化させながら質量を測定する実験を行い，得られた結果を表にまとめたりグラフ化したりして定量的な規則性を見いださせたり，これらを式と関連付けて考察させたりするといった授業を設計している。この際，「密度の理科発展的授業」の実施時期が重要な意味をもつと考える。「比例の数学授業」より先に「密度の理科発展的授業」を実施した場合は，数学の学習内容が未履修の生徒に対して，理科の教師が数学の指導事項を教授することになる。一方，「比例の数学授業」の後に「密度の理科発展的授業」を実施した場合は，数学の既習知識を踏まえた上で理科の学

表4-1　中学校3年間の数学と理科の学習事項・学習時間のマトリックス

| 理科の小単元（学年・月） | 等式の意味 (6) | 一次方程式 (10) | 一次方程式の利用 (11) | 比例と反比例 | 比例のグラフと反比例のグラフ | 等式の変形 (5) | 一次関数と一次関数のグラフ (11) | 実験式の求め方 (12) | 近似値と誤差 有効数字 (1) | 二乗に比例する関数 (10) | 平均の速さ (11) | 三平方の定理 (12) |
|---|---|---|---|---|---|---|---|---|---|---|---|---|
| | 第1学年 | | | | | 第2学年 | | | | 第3学年 | | |
| **第1学年** | | | | | | | | | | | | |
| 6　水溶液の濃さの表し方 | ● | ○ | ○ | | | ○ | | | | | | |
| 7　密度 | ● | ○ | ○ | ○ | ○ | ○ | ○ | ○ | | | | |
| 11　音の伝わる速さ（秒速340m） | | | | | | ○ | | | | | | |
| 11　水がもらう熱量と温度変化（cal） | ● | ● | ● | ○ | | ○ | | ○ | | | | |
| 11　物質の種類と温度の上がり方（比熱） | ● | ● | ● | ○ | | ○ | | ○ | | | | |
| 11　力の大きさとばねののび（g重） | ● | ● | ● | ○ | | ○ | | | | | | |
| 12　面を押す力（圧力） | ● | ● | ● | | | ○ | | | | | | |
| 12　水の深さと圧力（水圧） | ● | ● | ● | ● | ● | ○ | | ○ | | | | |
| **第2学年** | | | | | | | | | | | | |
| 5　化学変化の前後での全体の質量（質量保存の法則） | ● | | | | | | | | | | | |
| 5　化合する物質の質量比 | ● | ● | ● | ● | ● | ○ | ○ | ○ | | | | |
| 10　回路を流れる電流 | ● | ● | ● | | | | | | | | | |
| 10　回路に加わる電圧 | ● | ● | ● | | | | | | | | | |
| 11　電流と電圧との関係 | ● | ● | ● | ● | ● | ● | ● | | | | | |
| 11　電流の流れにくさ | ● | ● | ● | ● | ● | ● | ● | | | | | |
| 11　金属線のつなぎ方と電気抵抗 | ● | ● | ● | | | | ● | | | | | |
| 12　電流による発熱（1）（熱量と時間との関係） | ● | ● | ● | ● | ● | ● | ● | ○ | | | | |
| 12　電流による発熱（2）（熱量と電力量との関係） | ● | ● | ● | ● | ● | ● | ● | ○ | | | | |
| 1　空気中に含まれる水蒸気 | ● | ● | ● | | | | ● | | | | | |
| **第3学年** | | | | | | | | | | | | |
| 9　2力のつりあい | ● | | | | | | | | | | | |
| 9　浮力 | ● | ● | ● | ● | ● | ● | ● | ● | ● | | | |
| 10　力の合成と分解（1）（一直線上の2力） | ● | | | | | | | | | | | |
| 10　力の合成と分解（2）（一直線上にない2力） | ● | | | | | | | | | | | ○ |
| 10　力がはたらいていないときの運動（等速運動） | ● | ● | ● | ● | ● | ● | ● | ● | ● | | | |
| 11　力がはたらいているときの運動（加速度運動） | ● | ● | ● | ● | ● | ● | ● | ● | ● | ○ | ○ | |
| 11　地震のゆれとその伝わり方（初期微動・主要動） | ● | ● | ● | ● | ● | ● | ● | | | | ○ | |
| 12　仕事と仕事の量（kg重・m） | ● | ● | ● | ● | ● | ● | ● | | | | | |
| 12　仕事の原理（てこ・斜面の上げ・滑車） | ● | ● | ● | ● | ● | ● | ● | | | | | |
| 1　力学的エネルギー（位置・運動エネルギー） | ● | ● | ● | ● | ● | ● | ● | ● | ● | ● | | |
| 1　力学的エネルギー（エネルギーの移り変わり） | ● | ● | ● | ● | ● | ● | ● | | | | | |

（石井ら，1996より転載）

●：数学で学習した後，理科で学習する箇所
○：理科の学習が先行し，数学の学習が追いつかない箇所

習に必要な指導事項を教授することができる。

　以上のことから，本章では「密度の理科発展的授業」の後に「比例の数学授業」を実施する学級（以後「理科発展 → 数学グループ」と表記）と，「比例の数学授業」の後に「密度の理科発展的授業」を実施する学級（以後「数学 → 理科発展グループ」と表記）を設定し，「密度の理科発展的授業」と「比例の数学授業」のどちらを先に学ばせる方が，生徒の密度概念の理解に効果があるのか，学習の順序性による影響を検証することとした。


## 第1節　調査対象と時期

　新潟県内の公立中学校第1学年2学級68人（1学級34人）を対象に，2019年7月上旬から11月下旬にかけて授業および密度に関する調査問題（以後，密度テストと表記）を行った[注3]。


## 第2節　授業の概要

　図4-1（P113）に示したように，両グループともに2019年7月上旬に「教科書に即した密度の理科授業」を，9月下旬に事前密度テストを実施した。「理科発展 → 数学グループ」では，9月下旬に「密度の理科発展的授業」と事中密度テストを，10月下旬に「比例の数学授業」と事後密度テストを実施した。有効回答者数は33人であった。「数学 → 理科発展グループ」では，10月下旬に「比例の数学授業」と事中密度テストを，11月下旬に「密度の理科発展的授業」と事後密度テストを実施した。有効回答者数は31人であった。以下，「密度の理科発展的授業」と「比例の数学授業」の概要を述べる。

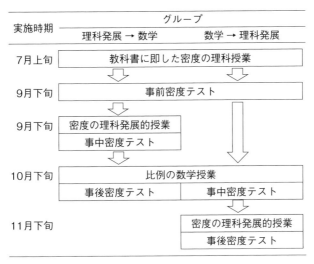

図4-1　授業および調査の流れ

## 2−1　密度の理科発展的授業

　まず，既習事項を確認し，本時の課題や実験方法について説明した。次に，形状の異なる3種類（立方体，球，直方体）のアルミニウム，銅それぞれの質量を測定させる実験を行わせた。最後に，得られた実験結果を踏まえ，ワークシートの設問に取り組ませた（表4-2：P114，資料4-1：P121）。なお，ワークシートの設問は，①実験結果を表にまとめ，②質量と体積の比の値を求め，③グラフ化し，④比の値やグラフから式を求め，⑤グラフから分かることについて考え，⑥外挿の問題を解くといった6問で構成した。

## 2−2　比例の数学授業

　第3章（山田ら，2021）を参考に，まず，本時の課題を確認し，その後，生徒にワークシートの設問に取り組ませた。次に，解答・解説を行い，生徒の理解を深めるとともに，グラフのよさについてまとめさせた（表4-3：P114，資料4-2：P122）。なお，ワークシートの設問は，①表から規則性を見いだし，②距離と時間の比の値を求め，③グラフ化し，④グラフを比較することで，⑤グラフのよさについて考えるといった5問で構成した。特に本章では，

表4-2　密度の理科発展的授業

| |
|---|
| 1．7月に実施した密度の授業について振り返る。<br>2．本時の課題を確認する。<br>　課題　アルミニウムと銅それぞれの体積と質量の関係について調べ，グラフか<br>　　　　ら規則性を見つけよう。<br>3．実験方法について確認する。<br>4．実験に取り組み，結果を記録する。<br>・3種類のアルミニウムと銅それぞれの質量を測定し，記録する（体積について<br>　は予め教師から提示）。<br>5．ワークシートの設問に取り組む。<br>6．授業のまとめをする。<br>・密度は一定で，物質によって決まっている。<br>・質量は体積に比例する。<br>・グラフの傾きが大きいほど，密度も大きい。 |

表4-3　比例の数学授業

| |
|---|
| 1．本時の課題を確認する。<br>　課題　グラフには，どんなよさがあるのだろう。― グラフから分かること ―<br>2．ワークシートの設問に取り組む。<br>3．教師の解答・解説を聞き，理解を深める。<br>4．グラフのよさについてまとめる。 |

④のグラフを比較する際，$x$の値を一定にして$y$の値で比較する方法（以下，グラフを縦から横に見る見方と表記）と，$y$の値を一定にして$x$の値で比較する方法（以下，グラフを横から縦に見る見方と表記）について指導するよう，数学教師に依頼した。その理由は，「グラフを縦から横に見る見方」と「グラフを横から縦に見る見方」は，それぞれ内包量概念の問題を考える場合に有効な視点になると考えたからである。

## 第3節　密度テストの作成

　表4-4に示した密度テストについては，内包量概念の形成に関する斎藤（2002）や辻・伊禮・石井（2010）の研究を参考に5問作成した。問1は第1用法の問題（全体量÷土台量＝内包量），問2は第2用法の問題（内包量×土台量＝全体量），問3は第3用法の問題（全体量÷内包量＝土台量），問4は保存性の問題（土台量の変化），問5は保存性の問題（全体量の変化）で構成されている。なお，正答には1点ずつを与え，計5点満点として集計した。

### 表4-4　密度テスト

　金，銀，鉄，アルミニウムの密度は，それぞれ $19g/cm^3$，$11g/cm^3$，$8g/cm^3$，$3g/cm^3$ である。

| |
|---|
| ①第1用法の問題（質量÷体積＝密度）<br>　体積 $5cm^3$，質量 $55g$ の金属がある。この金属は何か。 |
| ②第2用法の問題（密度×体積＝質量）<br>　$10cm^3$ の銀と，$10cm^3$ のアルミニウムでは，どちらの方が質量が大きいか。 |
| ③第3用法の問題（質量÷密度＝体積）<br>　$10g$ の金と，$10g$ の銀では，どちらの方が体積が大きいか。 |
| ④保存性の問題（体積の変化）<br>　ほんの小さな銀の固まり（$1cm^3$）と，巨大な銀の固まり（$1000cm^3$）では，どちらの方が密度が大きいか。 |
| ⑤保存性の問題（質量の変化）<br>　とても軽い鉄の固まり（$1g$）と，とても重い鉄の固まり（$10000g＝10kg$）では，どちらの方が密度が大きいか。 |

## 第4節　理科と数学の学習順序が及ぼす密度概念の理解

### 4−1　合計点の平均値

　図4-2（P116）に示したように，各グループにおける密度テストの合計点の平均値（標準偏差）を算出したところ，「理科発展 → 数学グループ」の事前は2.94（1.30），事中は3.21（1.24），事後は3.12（1.56），「数学 → 理科発展グ

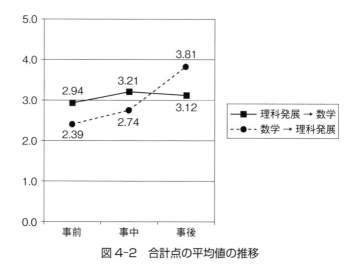

図 4-2　合計点の平均値の推移

ループ」の事前は 2.39（1.26），事中は 2.74（1.29），事後は 3.81（0.91）であった。

　統計解析ソフト SPSS 28 Advanced Statistics を用いて，密度テストの実施時期（被験者内要因）とグループ（被験者間要因）について繰り返しのある二元配置分散分析を行った結果，Mauchly の球面性検定が有意ではなかったので（Mauchly の W =.989, *n.s.*），球面性の仮定を確認したところ，交互作用が有意であった（$F(2, 124) = 11.45$, $p<.001$）。

　そこで，まず，グループごとに密度テストの実施時期についての単純主効果を検定したところ，「理科発展 → 数学グループ」では有意な差は見られなかったが（$F(2, 61) = 1.00$, *n.s.*），「数学 → 理科発展グループ」では有意な差が認められた（$F(2, 61) = 22.57, p<.001$）。後者について多重比較（Bonferroni 法）を行った結果，事前〜事後，事中〜事後において平均値の有意な上昇が認められた。次に，密度テストの実施時期ごとにグループについての単純主効果を検定したところ，事前と事中では有意な差は見られなかったが（事前 $F(1, 62) = 2.99$, *n.s.*；事中 $F(1, 62) = 2.20$, n.s.），事後では「数学 → 理科発展グループ」の方が「理科発展 → 数学グループ」よりも平均値が有意に高かった（$F(1,$

$62) = 4.55, \ p < .05$）。

　以上のことから，「比例の数学授業 → 密度の理科発展的授業」といった学習
の順序により，生徒の密度概念の理解が促進されることが示された。

## 4−2　各設問の正誤者数

　両グループの各設問の正誤答者数の変化を，フリーの統計ソフト js-STAR
を用いて Fisher の直接確率計算で分析した。表4-5 に示したように，「理科
発展 → 数学グループ」では有意な差は見られなかったが，「数学 → 理科発展
グループ」では設問③（内包量概念の第3用法）における事前〜事後，設問
④，⑤（保存性の問題）における事前〜事後，事中〜事後において有意な上昇
が認められた。

　以上のことから，「比例の数学授業 → 密度の理科発展的授業」といった学習
の順序により，内包量概念の第3用法や保存性の理解の促進に効果があること
が明らかとなった。

### 表4-5　各設問の正誤答者数

| グループ | | | ① | ② | ③ | ④ | ⑤ |
|---|---|---|---|---|---|---|---|
| 理科発展 → 数学 | 事前 | 正答 | 28 | 29 | 8 | 18 | 14 |
| | | 誤答 | 5 | 4 | 25 | 15 | 19 |
| | 事中 | 正答 | 28 | 32 | 8 | 18 | 20 |
| | | 誤答 | 5 | 1 | 25 | 15 | 13 |
| | 事後 | 正答 | 28 | 29 | 8 | 20 | 18 |
| | | 誤答 | 5 | 4 | 25 | 13 | 15 |
| 数学 → 理科発展 | 事前 | 正答 | 28 | 25 | 3 | 10 | 8 |
| | | 誤答 | 3 | 6 | 28 | 21 | 23 |
| | 事中 | 正答 | 28 | 28 | 4 | 13 | 12 |
| | | 誤答 | 3 | 3 | 27 | 18 | 19 |
| | 事後 | 正答 | 29 | 29 | 11 | 26 | 23 |
| | | 誤答 | 2 | 2 | 20 | 5 | 8 |

（③事前〜事後 $*$，④事前〜事後 $**$，④事中〜事後 $**$，⑤事前〜事後 $**$，⑤事中〜事後 $**$）

　注）表中の①は第1用法の問題，②は第2用法の問題，③は第3用法の問
　　　題，④と⑤は保存性の問題をそれぞれ示す。$^{**}p < .01$，$^{*}p < .05$

## おわりに

　本章の目的は，「教科書に即した密度の理科授業」の後に，「密度の理科発展的授業」と「比例の数学授業」のどちらを先に学ばせる方が，生徒の密度概念の理解に効果があるのか，学習の順序性による影響を検証することであった。この目的を達成するために，2つのグループ（理科発展 → 数学，数学 → 理科発展）を設定し，「密度の理科発展的授業」および「比例の数学授業」を実施するとともに，密度に関する調査問題（密度テスト）を行った。その結果，「比例の数学授業 → 密度の理科発展的授業」といった学習の順序により，生徒の密度概念の理解が促進されること，特に内包量概念の第3用法や保存性の理解に効果があることが示された。ここに，理科と数学の学習の順序性による内包量概念の理解への効果が明らかとなった。

### 注釈

1)　表4-1（P111）は，石井・箕輪・橋本（1996）が中学校3年間の理科の学習事項・学習時間を縦軸に，数学の学習事項・学習時間を横軸にとり，理科が数学よりも先行している単元と，数学が先行している単元を整理したものである。このようなマトリックス表について，1989年から現在までの「理科教育学研究」と「科学教育研究」を精査したところ，石井ら（1996）以外は見られなかった。そこで本章では，平成24年度全国学力・学習状況調査【中学校】報告書（国立教育政策研究所，2012）の結果を踏まえたものではないが，「理科と数学との関連」や「理科と数学の学習の順序性」に関する議論が行われた貴重な先行研究として石井ら（1996）を取り上げることとした。

2)　密度について，中学校学習指導要領解説理科編（文部科学省，2008）では「金属やプラスチックなどの様々な固体の物質の密度を測定する実験を行い，求めた密度から物質を区別できることに気付かせる」ことが求められている。これに準拠した2015年文部科学省検定済の中学校理科教科書（学校図書，2018）では，1円硬貨の質量を電子天秤で，体積をメスシリンダーでそれぞれ測定し，密度を算出する実験が掲載されている。本章では，これを「教科書に即した密度の理科授業」と規定した。

3)　本章では，新潟県内の公立中学校第1学年3学級102人（1学級34人×3）を対象に，授業および調査問題を行う研究計画を立て実行した。3学級の分類については，「理科発展 → 数学グループ」と「数学 → 理科発展グループ」に加え，「密度の理科発展的授業」を導入す

る場合としない場合を比較するために，「教科書に即した密度の理科授業」と「比例の数学授業」だけを実施する「数学グループ」を設定した。しかし，「数学 → 理科発展グループ」では，事前：7月に「教科書に即した密度の理科授業」を，事中：10月に「比例の数学授業」を，事後：11月に「密度の理科発展授業」を行っているため，事前と事中の変化を見れば「数学グループ」と同様の結果が得られることから，本稿では「数学グループ」を除いた2グループについて議論することとした。

## 参考文献

1)　山田貴之・稲田佳彦・岡崎正和・栗原淳一・小林辰至（2021）「数学との教科等横断的な学習を促す理科授業の試み ― 関数概念を有する密度の学習に焦点を当てて ―」『理科教育学研究』第62巻，第2号，559-576。

## 引用文献

1)　安藤秀俊（2014）「理科と数学の関連とは何か？」『日本科学教育学会年会論文集』38，139-140。

2)　福山豊（2000）「オームの法則の指導について（How to teach）」『物理教育』第48巻，第6号，538-540。

3)　学校図書（2018）『中学校科学1 SCIENCE』22-24。

4)　銀林浩（1957）『量の世界　構造主義的分析』むぎ書房，99-136。

5)　堀哲夫（1989）「理科学力における思考の問題 ― 思考過程と知識再生の問題の比較を通して ―」『日本理科教育学会研究紀要』第30巻，第1号，11-21。

6)　石井俊行・箕輪明寛・橋本美彦（1996）「数学と理科との関連を図った指導に関する研究 ― 文脈依存性を克服した指導への提言 ―」『科学教育研究』第20巻，第4号，213-200。

7)　石井俊行・橋本美彦（2013）「教科間における学習の転移を促す条件に関する考察とその提言 ― 理科『光の反射』と数学『最短距離』の作図を通して ―」『科学教育研究』第37巻，第4号，283-294。

8)　河原田廣司・千葉孝一（1991）「圧力概念の混乱と解決方法の検討」『日本科学教育学会年会論文集』15，77-78。

9)　国立教育政策研究所（2012）「平成24年度全国学力・学習状況調査【中学校】報告書」384。
（https://www.nier.go.jp/12chousakekkahoukoku/04chuu-gaiyou/24_chuu_houkokusyo-2_kyoukanikansu ru.pdf）

10)　文部科学省（2008）『中学校学習指導要領解説理科編』大日本図書，30。

11)　文部科学省（2018a）『中学校学習指導要領（平成29年告示）解説理科編』学校図書，118。

12) 文部科学省（2018b）『中学校学習指導要領（平成 29 年告示）解説数学編』日本文教出版，50-54。

13) 斎藤裕（2002）「短大生を対象とした内包量の理解に関する研究」『県立新潟女子短期大学研究紀要』39，25-35。

14) 高森潤（1981）「中学生における密度概念の理解に関する調査」『日本理科教育学会研究紀要』第 21 巻，第 3 号，1-8。

15) 辻千秋・伊禮三之・石井恭子（2010）「内包量概念の形成に関する調査研究」『福井大学教育実践研究』第 35 巻，97-102。

## 付記

本章は『理科教育学研究』第 62 巻，第 3 号（2022）に掲載された「理科と数学の学習の順序性が密度概念の理解に及ぼす効果 — 中学校第 1 学年理科『密度』の発展的授業を通して — 」を書き直したものである。

## 資料4-1　密度の理科発展的授業

| 課題 | アルミニウムと銅それぞれの体積と質量の関係について調べ，グラフから規則性を見つけよう。 |

| 準備 | アルミニウム3種類，銅3種類，電子てんびん，電卓 |

| 実験 | アルミニウムと銅それぞれの質量を測定します。 |

| 結果 | 結果を表に記入します（小数第1位まで）。 |

| $X$ | アルミニウムの体積 $[cm^3]$ | ① 1.0 | ② 4.1 | ③ 5.3 |
|---|---|---|---|---|
| $Y$ | アルミニウムの質量 $[g]$ | | | |

| $X$ | 銅の体積 $[cm^3]$ | ① 1.0 | ② 4.2 | ③ 6.1 |
|---|---|---|---|---|
| $Y$ | 銅の質量 $[g]$ | | | |

| 考察 |

問1　アルミニウムと銅において，それぞれの質量と体積の比の値を求めましょう。なお，数値は小数第2位を四捨五入して，小数第1位で答えることにします。

| | 体積① | 体積② | 体積③ |
|---|---|---|---|
| アルミニウムの比の値 | | | |
| 銅の比の値 | | | |

問2　問1の結果から，どんなことが言えるか考えましょう。

問3　結果をグラフに表しましょう。なお，アルミニウムは●，銅は×で印を付けることにします。

問4　アルミニウムと銅それぞれについて，体積を $x$，質量を $y$ として，$y=\square \times x$ の式で表しましょう。

| アルミニウムの体積と質量の関係式 | |
|---|---|
| 銅の体積と質量の関係式 | |

問5　グラフから分かることをできるだけたくさん書きましょう。

問6　体積が $8cm^3$，質量が 21.6g の物体があります。この物質は何だろうか。理由も含めて答えましょう。

まとめ

## 資料 4-2　比例の数学授業

課題　グラフには，どんなよさがあるのだろう。― グラフから分かること ―

【1】表1は，Aさんが歩くのにかかった時間と進んだ距離をまとめたものです。
まず，問1〜4について考えましょう。次に，問1〜4で考えたことを基に
して，表1から分かることを書きましょう。

### 表1　Aさんが歩いた時間と距離

| 時間 $x$（時間） | 0 | 1 | 2 | 3 | 4 |
|---|---|---|---|---|---|
| 距離 $y$（km） | 0 | 5 | 10 | 15 | 20 |

問1　歩き始めて1時間で，進んだ距離は何kmですか。
問2　歩くのにかかった時間が2時間，3時間，4時間のとき，進んだ距離は，
それぞれ何kmですか。
問3　歩くのにかかった時間が2倍，3倍，4倍と長くなると，進んだ距離はど
のように増えますか。
問4　進んだ距離と歩くのにかかった時間の比の値を求めましょう。そして，1
時間，2時間，3時間，4時間のときの比の値を比べて，分かったことを
書きましょう。
問5　表1から，どんなことが分かりますか。問1〜4で考えたことを基にして，
あなたの考えを書きましょう。

【2】表1をグラフにかいて，グラフにするとどんなことがよく分かるようになる
か考えましょう。
問1　表1では，何が変化しているのでしょう。また，その変化にともなって変
わるのは何でしょう。
問2　グラフの横軸（$x$軸）には，変化していることをとります。問1では，何
が変化していると答えましたか。横軸に直線を引いて目盛りを付けたら，
横軸の名前と単位を書きましょう。
問3　グラフの縦軸（$y$軸）は，ともなって変化することをとります。問1では，
何がともなって変化していると答えましたか。縦軸に直線を引いて目盛り
を付けたら，縦軸の名前と単位を書きましょう。
問4　歩くのにかかった時間$x$とその間に進んだ距離$y$の関係を一組（セット）
にして（$x$, $y$）と表すことにします。例えば，（0, 0）のように書きます。
これを座標と言います。座標は点を打つ場所を指定します。歩くのにかかっ
た1時間，2時間，3時間，4時間のそれぞれを座標に表しましょう。
問5　問4で書いた座標をグラフ用紙に●で示しましょう。なお，（0, 0）につ
いては，●を付けないことにします。
問6　（0, 0）と●を直線で結びましょう。

問7 表2は，Bさんが自転車で走った時間と進んだ距離をまとめたものです。
表2の自転車で走った時間 *x* とその間に進んだ距離 *y* の関係を，座標 (*x*, *y*) に表しましょう。

**表2 Bさんが自転車で走った時間と距離**

| 時間 *x*（時間） | 0 | 1 | 2 | 3 | 4 |
|---|---|---|---|---|---|
| 距離 *y*（km） | 0 | 10 | 20 | 30 | 40 |

問8 表した座標 (*x*, *y*) を，問6の同じグラフ用紙に●で示し，直線で結びましょう。

問9 Aさんが歩いた時間と距離のグラフ，Bさんが自転車で走った時間と距離のグラフについて考えましょう。
（1）2つのグラフを比べて，どのような違いに気付きましたか。その違いは，どのようなことを表していますか。
（2）グラフにするとよく分かるようになることがあります。どのようなことが分かりやすくなるか，考えを書きましょう。

問10 Aさんが歩いた時間と距離のグラフ，Bさんが自転車で走った時間と距離のグラフについて，それぞれ文字の式で表しましょう。

# 第 5 章

## 「関数的な見方・考え方」を働かせた理科授業が
## 内包量概念の理解に及ぼす効果
— 中学校第 2 学年理科「オームの法則」において —

## は じ め に

　中学校学習指導要領（平成 29 年）解説理科編（文部科学省，2018a）では，
「電流とその利用」における「電流・電圧と抵抗」について，「金属線に加わる
電圧と電流を測定する実験を行い，電圧と電流の関係を見いだして理解すると
ともに，金属線には電気抵抗があることを理解すること」と明記されている。
しかし，「平成 30 年度全国学力・学習状況調査報告書【中学校】理科」（国立
教育政策研究所，2018）において，オームの法則を使って抵抗の値を求めるこ
とができるかどうかをみる問題の正答率は 52.3% であり，複数の実験結果から
必要な値を読み取り，オームの法則を使って抵抗の値を求める知識を身に付け
ることには課題があることが報告された。オームの法則の他に，密度やフック
の法則等は，2 つの外延量（加法性の成り立つ量）の商によって表される内包
量と呼ばれるが，いずれも生徒にとって理解が難しい内容である。
　こうした課題に対して，第 1 章（山田ら，2020）では，数学と理科が共有
できる「関数的な見方・考え方」を考案し，中学校理科の密度，濃度，フック
の法則，オームの法則等は，数学と共有する「関数的な見方・考え方」を働か
せて取り組ませることで，教科等横断的な学習として行えることを示唆してい
る。さらに，第 3 章（山田ら，2021）では，密度の授業において，理科教師
が数学の関数の指導事項を導入し，2 つの数量の関係に着目させ，その特徴を
表やグラフ，式を相互に関連付けて考察させることが，内包量概念の獲得を促

進する指導法として効果があることを明らかにしている。また，第4章（金井ら，2022）では，第1章（山田ら，2020）および第3章（山田ら，2021）を参考に，中学校第1学年の「密度の理科発展的授業」として，「関数的な見方・考え方」を働かせた授業（比の値を求め，グラフ化する活動）を実施したところ，「比例の数学授業」後に「密度の理科発展的授業」を行った生徒においては，密度概念の理解に一定の効果があったことを報告している。しかしながら，密度概念の理解に関する調査問題において，正答率が3分の1程度であった設問も見られたことから，十分な成果が得られたとは言い難い。


## 第1節　目　　的


　本章では，中学校第2学年のオームの法則において，上述した第1章（山田ら，2020）および第3章（山田ら，2021）に基づく「関数的な見方・考え方」を働かせた授業を実施し，数式やグラフの意味についての理解を深め，グラフを活用することで，生徒の内包量概念の理解にどのような変容が見られるのか明らかにすることを目的とした。なお，本章では，後述の「2-3-2　抵抗テスト」（P129）における第3用法の理解を促すための指導法として，比の値（グラフの傾き）の意味を考察する活動を加えることとした。その理由は，電圧－電流グラフと電流－電圧グラフの2種類を取り上げてオームの法則の授業を行った勝田・山下（2015）が，「グラフの傾きの意味を理解させることは容易ではなかった」と述べていることから，軸を反転させる前後のグラフの傾きの意味を考察させることの効果についても検討する必要があると考えたからである。

## 第2節 方　　法

### 2−1　調査対象

　新潟県内の公立中学校第2学年2クラス70人（統制群35人，実験群35人）を対象に，2020年5月中旬から下旬にかけて，意識調査，抵抗テスト，オームの法則の授業を実施した。有効回答数は統制群32人，実験群33人であった。

### 2−2　調査方法

　両群ともに，まず，事前意識調査（15分間）と事前抵抗テスト（15分間）を行った。次に，オームの法則の授業（統制群45分間，実験群75分間）と事後抵抗テスト（15分間）を行った。授業の詳細については「2−4　両群の授業計画」（P132）で述べる。最後に，事後意識調査（15分間）を実施した。両群で授業時間が異なるのは，実験後に，統制群ではグラフを作成し，電圧と電流の関係について考察を行ったのに対し，実験群ではワークシート1（資料5-2：P151）の設問を解きながら電圧と電流の関係について考察したり，グラフの軸を反転させたワークシート2（資料5-3：P153）の設問を解きながら比の値（グラフの傾き）が表す意味について考察したりしたからである。なお，教育倫理上，統制群の生徒には，この次の単元において実験群と同様の指導を行った。

### 2−3　調査問題
### 2−3−1　意識調査
#### ア　調査内容

　安藤・小原（2010）を参考に質問紙を作成した。具体的には，安藤・小原（2010）の39項目からなる質問紙は，中学校第3学年生徒を対象に作成されているため，本章の調査対象生徒（第2学年）にとっては未習の内容が含まれていた。そこで，当該項目を削除し，37項目からなる質問紙を作成した（表

## 表5-1　質問紙

| | |
|---|---|
| | 次の１～４のうち，あなたはどれに当てはまりますか |
| 調査1 | 1　数学と理科と，両方とも好きな教科である<br>2　数学は好きだが，理科はあまり好きではない<br>3　理科は好きだが，数学はあまり好きではない<br>4　数学も理科も，あまり好きな教科ではない |
| | 次の質問のうち，あなた自身の経験や意識についてどれくらい当てはまりますか |
| 調査2 | 問1　数学の問題の解き方が分からないとき，あきらめずにいろいろな方法を考える<br>問2　数学の学習では，数や図形の規則性や性質を，自分で見つけようとする<br>問3　公式を使って問題を解く前には，なぜその公式が成り立つのかを，きちんと理解するようにする<br>問4　数学の問題の解き方（考え方）を説明するときには，筋道を立てて論理的に説明しようとする<br>問5　速く計算することは大切である<br>問6　例えば，$53+14+96+17=(53+17)+(14+96)=70+110=180$ のように，複雑な計算では，計算の仕方を工夫するようにしている<br>問7　計算の仕方を工夫することで，計算のミス（計算の誤り）は減らせると思う<br>問8　定価の3割引の値段など，割合の計算は苦手である<br>問9　計算した結果を確かめることは大切である<br>問10　計算力を身につけるためには，たくさんの計算問題を解くことが必要である<br>問11　数学の学習で文章問題を解くときは，図や表をかくとわかりやすい<br>問12　数学の学習で，式（$y=3x$ など）からグラフをかくことは難しい<br>問13　数学の学習で，グラフから式を求めることは難しい<br>問14　図形の知識があると，絵画や模様を鑑賞するときに，それらの見方がより深まると思う<br>問15　自然現象や社会現象などについて考えたり，予想したりするためには，関数的な見方が必要である<br>問16　数学の問題は答の正誤だけでなく，問題を解く過程も大切である<br>問17　数学で学んだ知識を，実生活の場面でも生かしたい<br>問18　数学の問題を解くとき，予測したり推測したりしている<br>問19　図形を学ぶと，論理的な考え方が身に付くと思う<br>問20　関数を学ぶことで，未知の事柄を予測できると思う<br>問21　学校の授業以外の時間に，数学に関する本を読むことがある<br>問22　数学と理科の学習は，関連性が強いと思う<br>問23　理科の実験のデータは，表やグラフで表すとわかりやすい<br>問24　理科の学習には，数学の計算力が必要なことが多い<br>問25　理科の学習では，数学の知識が必要な場面が多くある<br>問26　理科の成績を上げるためには，数学の学習が必要である<br>問27　理科の学習で，計算問題は苦手である<br>問28　理科の学習で，グラフが出てくると難しいと思う<br>問29　理科の学習で，グラフを作成するのは苦手である<br>問30　密度などを求めることは苦手である<br>問31　凸レンズを通る光の道すじの作図では，図形の相似などの知識が必要である<br>問32　ガラスの中を通る光の進み方で，入射角や屈折角など数学の図形の知識が必要である<br>問33　理科の実験で得られたデータを客観的に示すためには，数学の知識が必要である<br>問34　理科の学習で，公式や計算が出てくると，急にわからなくなる<br>問35　理科の学習では，第1分野より第2分野の方が好きである<br>問36　数学や理科は，論理的な考えを重視する教科として共通点がある |

5-1：P127）。表5-1（P127）に示したように，調査1では数学と理科の学習の好き嫌いに関する項目が，調査2では数学と理科の内容についての経験や意識に関する36項目が設定されている。なお，調査2の問1〜21は数学に関する内容，問22〜36は理科における数学の活用場面に関する内容となっている。また，両教科は互いに関連性があるかという意識を調査するために問22が，両教科とも論理的な思考力の育成が重視されていることから（辰巳・松下，2006；吉川，2007；松原，2008；文部科学省，2008），問36が設定されている。さらに，数学に関する質問項目として，計算に関すること（問5〜10），関数やグラフに関すること（問12，13，15，18，20），図形に関すること（問11，14，19），数学の学習態度に関すること（問1〜4，16，17，21），理科における数学の活用場面に関する質問項目として，理科の学習における数学の必要性に関すること（問23〜26，31〜33），数学的な知識や解法を必要とする理科の学習の難しさや苦手に関すること（問27〜30，34），理科の分野の好き嫌いに関すること（問35）が設定されている。

イ　回答方法及び集計方法

　調査1については，選択肢1〜4のいずれかを選択させ，選択肢1（数学と理科，両方とも好きな教科である）を選んだ生徒をⅠ群，選択肢2（数学は好きだが，理科はあまり好きではない）を選んだ生徒をⅡ群，選択肢3（理科は好きだが，数学はあまり好きではない）を選んだ生徒をⅢ群，選択肢4（数学も理科も，あまり好きではない）を選んだ生徒をⅣ群とし，4群の人数を集計した。調査2については，「5：よく当てはまる」から「1：全く当てはまらない」までの5段階をそのまま得点化し，集計した。

ウ　分析方法

　まず，生徒が回答した集計結果を基に，問1〜36の平均値と標準偏差を算出し，主因子法・Promax回転による探索的因子分析を行った。次に，抽出された因子を構成する項目の平均値を合計し，項目数で割ったものを尺度得点とし，群間における抽出された因子の尺度得点の差をKruskal-Wallis検定と

多重比較により検討した。最後に，両群それぞれの事前と事後の尺度得点を Wilcoxon の符号化順位検定により検討した。

## 2－3－2　抵抗テスト

### ア　調査内容

　内包量概念の理解に関する調査研究（辻・伊禮・石井，2010）を参考に，抵抗テストを作成した（表5-2：P130，資料5-1：P150）。問1は第1用法の問題（全体量÷土台量＝内包量），問2は第2用法の問題（内包量×土台量＝全体量），問3は第3用法の問題（全体量÷内包量＝土台量），問4は保存性の問題（土台量の変化），問5は保存性の問題（全体量の変化）で構成されている。なお，問1～3までは斎藤（2002）の関係性に関する問題，問4，5は独立性に関する問題である。また，表5-3（P131）にはその解法例を示す。解法には，ここで紹介した方法以外にもさまざまな方法が考えられる。例えば，問1のような物質の抵抗を求める場合，抵抗の単位「Ω」は「V/A」でも表すことができることから，「V（電圧）を A（電流）で割ればよい」といった単位から求める方法も考えられる。しかし，単位から求める方法については，すべての生徒が小学校や中学校で学習しているわけではない。そこで，ここでは小学校や中学校の数学や理科で学習する内容で解ける方法として一例を紹介する。

　解法については，公式の利用，比の値や抵抗概念の理解，グラフの理解の3つの方法に分けた。まず，公式の利用については，オームの法則の公式，抵抗〔Ω〕＝電圧〔V〕÷電流〔A〕に代入して解く方法である。なお，式を変形し，電圧〔V〕＝抵抗〔Ω〕×電流〔A〕，電流〔A〕＝電圧〔V〕÷抵抗〔Ω〕とし，求めた場合も含まれる。また，問4，5は，公式を利用して解けない問題となっている。そのため，比の値や抵抗概念について深い理解ができていないと解けない問題である。次に，比の値や抵抗概念の理解については，電圧と電流の比の値が一定になることを利用したり，比の値が一定になることから，比の値（抵抗）が物体（抵抗器）によって決まっていることを理解して解いたりする方法である。なお，知識として抵抗が物体によって決まっていることを

知っている場合もこれに含まれる。最後に，グラフの理解については，抵抗テストではグラフが示されていないため，この問題を解くに当たって直接は関係しないと考えるが，比の値や抵抗概念の理解を助ける働きがあると考え，あえて記載した。

## イ 採点方法

各問の正答に1点ずつを与え，5点満点で集計した。

## ウ 分析方法

まず，群間における事前抵抗テストの平均値の差を一要因参加者間分散分析で検討した。ここで，有意な差が見られなかった場合は，各グループそれぞれの事前と事後の得点の平均値を二要因参加者内分散分析により検討した。また，有意な差が認められた場合は，4群の事前と事後の得点の平均値を二要因混合計画分散分析により検討した。次に，抵抗テストそれぞれの各設問の正誤

### 表5-2 抵抗テスト

抵抗は抵抗〔Ω〕＝電圧〔V〕÷電流〔A〕で求められる。電源装置に抵抗器を1つつないだ回路をつくり，抵抗器a〜dのそれぞれにかかる電圧と流れる電流を測定した。抵抗器a〜dの抵抗は，それぞれ10Ω，20Ω，30Ω，40Ωである。

| 問題 | 抵抗概念 | 問題文 |
|---|---|---|
| 1 | 第1用法の問題<br>（電圧÷電流＝抵抗） | 0.2Aの電流が流れたとき，電圧は4Vだった。この抵抗器はa〜dのどれか。 |
| 2 | 第2用法の問題<br>（抵抗×電流＝電圧） | 0.3Aの電流が流れた抵抗器aと，同じく0.3Aの電流が流れた抵抗器dでは，どちらの方が加わる電圧が大きいか。 |
| 3 | 第3用法の問題<br>（電圧÷抵抗＝電流） | 6Vの電圧を加えた抵抗器aと，同じく6Vの電圧を加えた抵抗器cとは，どちらの方が流れる電流が大きいか。 |
| 4 | 保存性の問題<br>（電流の変化） | 1Aの電流が流れた抵抗器aと，1000Aの電流が流れた抵抗器aでは，どちらの方が抵抗が大きいか。 |
| 5 | 保存性の問題<br>（電圧の変化） | 1Vの電圧を加えた抵抗器bと，1000Vの電圧を加えた抵抗器bでは，どちらの方が抵抗が大きいか。 |

## 表5-3　抵抗テストの解法例の一例

| 問題 | 解　法 | 解法例 |
|---|---|---|
| 1 | 公式の利用 | ・電圧÷電流＝4÷0.2＝20Ωよって，抵抗器 b である |
| | 比の値や<br>抵抗概念の理解 | ・比の値（抵抗）は，物質によって決まっているため，<br>電圧÷電流＝4÷0.2＝20Ωよって，抵抗器 b である |
| | グラフの理解 | ・電流－電圧グラフを考えたとき，傾きが抵抗となる。<br>（$y$ の増加量）÷（$x$ の増加量）＝4÷0.2＝20Ωよって，抵抗器 b である |
| 2 | 公式の利用 | ・抵抗器 a に加わる電圧：抵抗×電流＝10×0.3＝3V<br>抵抗器 d に加わる電圧：抵抗×電流＝40×0.3＝12V よって，抵抗器 d の方が大きい |
| | 比の値や<br>抵抗概念の理解 | ・抵抗$_a$＜抵抗$_d$ならば，電圧$_a$／電流$_{-定}$＜電圧$_d$／電流$_{-定}$より，抵抗器 d の方が電圧が大きい<br>・同じ電流が流れたならば，抵抗が大きい方が加わる電圧が大きいため，抵抗器 d の方が大きい |
| | グラフの理解 | ・電流－電圧グラフを考えたとき，抵抗器 a よりも抵抗器 d の方が傾きが小さい<br>このとき，同じ電流が流れたならば，傾きの小さい抵抗器 d の方が加わる電圧が大きい |
| 3 | 公式の利用 | ・抵抗器 a に流れる電流：電圧÷抵抗＝6÷10＝0.6A<br>抵抗器 c に流れる電流：電圧÷抵抗＝6÷30＝0.2A よって，抵抗器 a の方が大きい |
| | 比の値や<br>抵抗概念の理解 | ・抵抗$_a$＜抵抗$_c$ならば，電圧$_{-定}$／電流$_a$＜電圧$_{-定}$／電流$_c$より，抵抗器 a の方が電流が大きい<br>・同じ電圧を加えたならば，抵抗が小さい方が流れる電流が大きいため，抵抗器 a の方が大きい |
| | グラフの理解 | ・電流－電圧グラフを考えたとき，抵抗器 c よりも抵抗器 a の方が傾きが大きい<br>このとき，同じ電圧を加えたならば，傾きの大きい抵抗器 a の方が流れる電流が大きい |
| 4 | 公式の利用 | （「公式の利用」による解法はない） |
| | 比の値や<br>抵抗概念の理解 | ・比の値は一定のため，抵抗は一定である<br>・抵抗は流れる電流によらず一定である |
| | グラフの理解 | ・電圧は電流に比例しているため，傾き（抵抗）は一定である |
| 5 | 公式の利用 | （「公式の利用」による解法はない） |
| | 比の値や<br>抵抗概念の理解 | ・比の値は一定のため，抵抗は一定である<br>・抵抗は加える電圧によらず一定である |
| | グラフの理解 | ・電圧は電流に比例しているため，傾き（抵抗）は一定である |

者数の差を Fisher の正確確率検定により検討した。

## 2−4　両群の授業計画

　表5-4に示したように，統制群では，まず，導入において授業の目的や方法を説明した後，教科書に記載されている通りの実験を行わせた。次に，展開においてワークシートに結果をまとめさせ，グラフが原点を通る直線になることから，電圧と電流が比例関係になることを見いださせた。最後に，終末において生徒の意見を黒板にまとめ，調査問題を実施した。実験群では，導入と終末における授業内容は統制群と同じであるが，展開において実験結果を基にワークシート1（資料5-2：P151）およびワークシート2（資料5-3：P153）の設問に取り組ませた。

表5-4　両群の授業計画

| | 統制群（45分間） | 実験群（75分間） |
|---|---|---|
| 導入 | ○課題1　電圧と電流の関係について調べよう。<br>○予想や仮説を立てる。<br>○実験を行う。<br>・抵抗器aを用いて，電圧の大きさを1Vから6Vまで1Vずつ変えていき，各々の電圧と電流の大きさをはかる。<br>・抵抗器bに取り替えて，同じ実験を行う。<br>○実験の結果を表に整理する。 | |
| 展開 | ○教師主導で実験の結果をグラフ化させたり，電圧と電流の関係について考察させたりする。 | ○生徒個々がワークシート1の設問を解き，電圧と電流の関係について考察する。<br>○課題2　軸を反転させるとどんなことが分かるか。<br>○生徒個々がワークシート2の設問を解き，比の値（グラフの傾き）の意味について考察する。 |
| 終末 | ○本時のまとめを行う。<br>・電流は電圧に比例する（オームの法則）。<br>・抵抗器のもつ電流の流れにくさを抵抗と言う。<br>・抵抗は抵抗器の種類によって決まる。 | |

　ワークシート1は8つの設問で構成されており，問1，2は比の値に関する問題，問3，4はグラフを作成し，グラフから式を求める問題，問5は比の値（グラフの傾き）の意味に関する問題，問6はグラフの外挿問題，問7，8はグラフの内挿問題である。なお，問1〜4，6〜8は「関数的な見方・考え方」を働かせる問題，問5は比の値（グラフの傾き）の意味について考えさせる問題である。一方，電圧と電流の軸を反転させた場合について考察させるワークシート2（資料5-3：P153）では，ワークシート1（資料5-2：P151）と比べて問1，3の指示文が異なっている。さらに，軸を反転させる意味に関する問9と，グラフ化の意味に関する問10が追加されている。


## 第3節　「関数的な見方・考え方」を働かせた理科授業の効果

### 3−1　意識調査
### 3−1−1　理科の好き嫌いへの影響
　事前意識調査の調査1で4群の人数を集計した結果，Ⅰ群（数学と理科，両方とも好きな教科である）は17人，Ⅱ群（数学は好きだが，理科はあまり好きではない）は18人，Ⅲ群（理科は好きだが，数学はあまり好きではない）は13人，Ⅳ群（数学も理科も，あまり好きな教科ではない）は17人であった。理科が好きと答えた人数（Ⅰ群とⅢ群）を合計すると30人，理科が嫌いと答えた人数（Ⅱ群とⅣ群）を合計すると35人となった。また，事後意識調査の調査1で4群の人数を集計した結果，Ⅰ群は15人，Ⅱ群は20人，Ⅲ群は14人，Ⅳ群は16人であった。理科が好きと答えた人数を合計すると29人，理科が嫌いと答えた人数を合計すると36人となった。理科の好き嫌いの人数について，事前と事後で差があるかをFisherの直接確率計算を用いて分析した結果，有意な差は見られなかった。したがって，「関数的な見方・考え方」を働かせた授業による，理科の好き嫌いへの影響は見られなかった。

### 3-1-2　調査2における事前意識調査の因子分析の結果

　まず，調査2における平均値と標準偏差を算出し，天井効果と床効果が見られた13項目（3，6，7，8，9，10，11，16，21，23，25，27，30）を除外した。次に，残りの23項目について，主因子法・Promax回転による因子分析を行った。固有値の変化と因子の解釈可能性により4因子構造が妥当であると判断し，再度因子分析を行った。さらに，0.4以上の負荷量を示さなかった2項目（17，32）を除外し因子分析を行った（表5-5：P135）。

　第1因子は，式やグラフの難しさに関する内容で構成されていたので，「式やグラフの難しさ」因子と命名した。第2因子は，「理科の実験で得られたデータを客観的に示すためには，数学の知識が必要である」「図形を学ぶと，論理的な考え方が身に付くと思う」「関数を学ぶことで，未知の事柄を予測できると思う」など，数学や図形，関数の知識の必要性やよさに関する項目が高い負荷量を示していたので，「図形や関数の必要性」因子と命名した。第3因子は，「数学の問題の解き方（考え方）を説明するときには，筋道を立てて論理的に説明しようとする」や「数学の問題を解くとき，予想したり推測したりする」など，数学を学習する際に心がけていることや，工夫しようとしていることに関する項目が高い負荷量を示していたので，「数学学習の工夫」因子と命名した。第4因子は，理科の学習における数学の必要性や関連性についての内容で構成されていたので，「数学と理科の関連性」因子と命名した。

### 3-1-3　事前意識調査における両群の等質性

　抽出された4因子について，両群の尺度得点の平均値をMann-Whitneyの$U$検定で調べた結果，3因子は等質であったが（「式やグラフの難しさ」因子，$U=498.5$，$Z=0.38$，*n.s.*；「数学学習の工夫」因子，$U=411.0$，$Z=-1.54$，*n.s.*；「数学と理科の関連性」因子，$U=388.5$，$Z=-1.89$，*n.s.*），1因子は等質でなかった（「図形や関数の必要性」因子，$U=290.5$，$Z=-3.12$，$p<.05$）。

## 表5-5　数学と理科に関する事前意識調査の因子分析の結果

| 項　目 | 因子 | | | |
|---|---|---|---|---|
| | I | II | III | IV |
| 問13　数学の学習で，グラフから式を求めることは難しい | .918 | −.117 | .151 | .085 |
| 問28　理科の学習で，グラフが出てくると難しいと思う | .851 | .109 | −.016 | −.146 |
| 問29　理科の学習で，グラフを作成するのは苦手である | .783 | −.006 | .083 | −.049 |
| 問34　理科の学習で，公式や計算が出てくると，急にわからなくなる | .706 | .127 | −.168 | .121 |
| 問12　数学の学習で，式（$y=3x$, $y=3/x$ など）からグラフをかくことは難しい | .637 | −.013 | −.038 | −.055 |
| 問33　理科の実験で得られたデータを客観的に示すためには，数学の知識が必要である | −.166 | .809 | −.344 | .187 |
| 問19　図形を学ぶと，論理的な考え方が身に付くと思う | −.006 | .712 | .174 | −.197 |
| 問20　関数を学ぶことで，未知の事柄を予測できると思う | −.087 | .602 | .185 | −.084 |
| 問36　数学や理科は，論理的な考えを重視する教科として共通点がある | −.147 | .598 | −.061 | .221 |
| 問26　理科の成績を上げるためには，数学の学習が必要である | .045 | .588 | −.010 | .126 |
| 問15　自然現象や社会現象などについて考えたり，予想したりするためには，関数的な見方が必要である | .004 | .526 | .260 | −.199 |
| 問35　理科の学習では，第1分野より第2分野の方が好きである | .282 | .493 | .105 | −.048 |
| 問31　凸レンズを通る光の道すじの作図では，図形の相似などの知識が必要である | .233 | .468 | −.033 | .267 |
| 問14　図形の知識があると，絵画や模様を鑑賞するときに，それらの見方がより深まると思う | .302 | .412 | .187 | −.066 |
| 問4　数学の問題の解き方（考え方）を説明するときには，筋道を立てて論理的に説明しようとする | .146 | −.104 | .854 | .260 |
| 問18　数学の問題を解くとき，予測したり推測したりしている | −.064 | .196 | .661 | .078 |
| 問5　速く計算することは大切である | .066 | .026 | .542 | .147 |
| 問2　数学の学習では，数や図形の規則性や性質を，自分で見つけようとする | −.456 | .134 | .506 | −.075 |
| 問1　数学の問題の解き方が分からないとき，あきらめずにいろいろな方法を考える | −.366 | −.047 | .463 | .097 |
| 問22　数学と理科の学習は，関連性が強いと思う | −.017 | −.017 | .256 | .657 |
| 問24　理科の学習には，数学の計算力が必要なことが多い | −.046 | .060 | .252 | .621 |
| 因子相関 | I | II | III | IV |
| I | − | .182 | −.294 | −.053 |
| II | | − | .332 | .206 |
| III | | | − | −.081 |
| IV | | | | − |

表 5-6　事前と事後における各因子の意識変化

|  |  | 式やグラフの難しさ | | 図形や関数の必要性 | | 数学学習の工夫 | | 数学と理科の関連性 | |
|---|---|---|---|---|---|---|---|---|---|
|  |  | M | SD | M | SD | M | SD | M | SD |
| 統制群 | 事前 | 3.06 | 1.42 | 3.92 | 0.93 | 3.83 | 1.20 | 4.27 | 0.87 |
|  |  | n.s. | | * | | n.s. | | n.s. | |
|  | 事後 | 3.18 | 1.44 | 3.80 | 0.97 | 3.79 | 1.19 | 4.09 | 0.93 |
| 実験群 | 事前 | 3.21 | 1.06 | 3.47 | 0.97 | 3.67 | 0.86 | 4.05 | 0.71 |
|  |  | n.s. | | n.s. | | n.s. | | n.s. | |
|  | 事後 | 3.16 | 1.03 | 3.53 | 0.98 | 3.76 | 0.79 | 3.95 | 0.68 |

注）統制群：$n = 32$, 実験群：$n = 33$, $^*p < .05$

### 3-1-4　実施内容による効果

　表5-6に示したように，事前と事後における4因子それぞれの尺度得点の平均値を Wilcoxon の符号化順位検定で調べた結果，「式やグラフの難しさ」因子，「数学学習の工夫」因子，および「数学と理科の関連性」因子では有意な差は見られなかったが，「図形と関数の必要性」因子では統制群において有意な差が認められた。これらをまとめると，両群においてオームの法則の授業前後で意識的な変容はほとんど見られなかったことが分かる。ただし，統制群においては，「図形や関数の必要性」因子の尺度得点の平均値が有意に低下していることから，教科書通りの授業では，グラフ化することの有用性を実感できないことが示唆される。

### 3-2　抵抗テスト

### 3-2-1　両群の等質性

　事前抵抗テストの平均値（標準偏差）は，統制群 2.22（1.39），実験群 2.15（1.16）であった（表 5-7：P137）。一要因参加者間分散分析で調べた結果，両群の平均値に有意な差は見られなかった（$F(1,63) = 0.04$, n.s.）。

### 3－2－2　実施内容による効果

### ア　合計点の平均値

　事後抵抗テストの平均値（標準偏差）は，統制群 2.47（1.32），実験群 3.03（1.36）であった（表5-7）。両群の事前と事後の平均値を二要因混合計画分散分析で調べた結果，主効果（抵抗テストの実施時期）において有意な差が認められた（$F(1,63)=12.36$, $p<.001$）。多重比較（Shaffer法）を行った結果，実験群では有意な上昇が認められた（統制群：$F(1,63)=1.19$, *n.s.*；実験群：$F(1,63)=15.22$, $p<.001$）。このことから，「関数的な見方・考え方」を働かせた授業は，抵抗概念の理解に一定の効果があると考えられる。

### イ　各設問の正誤者数

　両群の各問の正誤答者数について，Fisher の直接確率計算を用いて分析したところ（表5-8：P138），統制群では授業前後で正誤答者数に有意な差は見られなかったが，実験群では内包量概念における第3用法の問題（問3）において有意な増加が認められた。このことから，「関数的な見方・考え方」を働かせた授業は，内包量概念における関係性の第3用法の理解促進に効果があると考えられる。

表5-7　事前と事後における両群の平均値

|  |  | 抵抗テスト | |  |
|---|---|---|---|---|
|  |  | *M* | *SD* |  |
| 統制群 (*n*=32) | 事前 | 2.22 | 1.39 | *n.s.* |
|  | 事後 | 2.47 | 1.32 |  |
| 実験群 (*n*=33) | 事前 | 2.15 | 1.16 | *** |
|  | 事後 | 3.03 | 1.36 |  |

注）*** $p<.001$

表5-8 事前と事後における両群の各問の正誤答者数

| | | | 抵抗テスト | | | | |
|---|---|---|---|---|---|---|---|
| | | | 問1 | 問2 | 問3 | 問4 | 問5 |
| 統制群<br>($n=32$) | 事前 | 正答 | 23 | 22 | 13 | 7 | 6 |
| | | 誤答 | 9 | 10 | 19 | 25 | 26 |
| | 事後 | 正答 | 25 | 22 | 14 | 7 | 11 |
| | | 誤答 | 7 | 10 | 18 | 25 | 21 |
| 実験群<br>($n=33$) | 事前 | 正答 | 27 | 21 | 11 | 6 | 6 |
| | | 誤答 | 6 | 12 | 22 | 27 | 27 |
| | 事後 | 正答 | 32 | 21 | 21 | 13 | 13 |
| | | 誤答 | 1 | 12 | 12 | 20 | 20 |

注)$^*p<.05$

# 第4節 総合考察

## 4-1 第3用法の理解におけるグラフの傾きの意味について考える活動の効果

　実験群では，抵抗テストの事前と事後で第3用法の理解に有意な増加が認められた。本章では，第3用法の理解を促すための指導法として，グラフの傾きの意味を考察させる活動を加えた。そこで，グラフの軸を反転させる前（以下，反転前と表記）と後（以下，反転後と表記）で，グラフの傾きの意味を考察する活動が第3用法の理解に影響を及ぼしたかどうか，ワークシート1（資料5-2：P151）およびワークシート2（資料5-3：P153）の問5の結果を基に検証することとした。なお，問5は，実験結果を基にグラフを作成した後で，「比の値（グラフの傾き）は抵抗器のどんな性質を表しているか」を問う内容となっている。表5-9（P139）に示したように，グラフの傾きの意味について正しく答えられた生徒は，反転前は5人（15.2%），反転後は13人（39.4%）であった。問5の正誤答者数について，Fisherの直接確率計算を用いて分析したところ，反転前後で有意な差は見られなかった。中高校生を対象に「ばねの伸びとおもりの重さ」に関するグラフ化能力の実態を調べた北村・栗田（1983）は，

表5-9　実験群の反転前後における問5（グラフの傾きの意味）
　　　　の回答例

| 問5の回答例 | | 人数 | |
|---|---|---|---|
| | | 反転前 | 反転後 |
| 正答 | | | |
| ア | 反転前：電流の流れやすさ | 5 | － |
| イ | 反転後：電流の流れにくさ | － | 13 |
| 誤答 | | 28 | 20 |
| カ | 電流の大きさ | 6 | 0 |
| キ | 電圧の大きさ | 0 | 5 |
| ク | 電気抵抗 | 5 | 3 |
| ケ | 比例 | 4 | 4 |
| コ | その他 | 2 | 1 |
| サ | 無記入 | 11 | 7 |

注）$n = 33$

　「傾きの意味を正しく答えられた中学生の割合は18.2％と低く，傾きの値とその意味の両方ができた割合に至っては0.9％と極めて低いことから，中学生にとってグラフの傾きの解釈は困難であり，十分な指導が必要である」

と述べている。また，傾きの意味の解釈が難しい理由として，「縦軸の値／横軸の値 ⇒ 縦軸の単位名／横軸の単位名 ⇒ ばねの伸び〔cm〕／おもりの重さ〔g〕」といった思考の発展過程の難しさを指摘している。

　以上のことから，勝田・山下（2015）の研究でも示されたように，オームの法則の授業において，グラフの傾きの意味を理解することは容易ではなく，内包量が何を表しているかグラフから読み取ることは難しいと言える。なお，反転後の誤答ク（電気抵抗）については，前後の記述から，明らかに電流の流れにくさを意図しているものは正答イに含め，そうでないものは誤答とした。

　それでは，なぜ，第3用法の理解が促進されたのか。その要因を明らかにするために，抵抗テストの事前と事後で有意な増加が認められた問3（第3用法の問題）の解法を分析することとした。表5-10（P140）は，実験群の解法

例であり，事前と事後で解法ア，ウの人数が増加していることが分かる。解法
アにおける2人の増加は，事前で解法イを用いた生徒であった。おそらく事後
では，オームの法則を式変形して導き出したのではないかと考えられる。それ
に対し，解法ウについては抵抗の意味を理解し答えている可能性が高いため，
抵抗概念を活用して解答を導き出したと推察される。なお，事後では無記入が
3人増えているが，抵抗概念を活用している可能性も考えられる。抵抗概念の
理解について，グラフの傾きの意味を考える活動により，傾きの意味を正しく
答えられる生徒が増加したものの有意な差は見られなかった。しかし，そのよ
うな活動を取り入れたことで，授業の終末で行った「抵抗器のもつ電流の流れ
にくさを抵抗と言う」ことの理解がより明確になり，抵抗概念の理解の一助に
なったのではないかと考える。なお，解法ウを用いた生徒6人のうちの4人
は，問5においてグラフの傾きの意味を反転前後ともに正解だった5人に含ま
れている（表5-9：P139）。

　以上のことから，「関数的な見方・考え方」を働かせた授業は，抵抗概念の
理解促進と，生徒にとって理解が難しいとされている内包量概念の獲得に向け
て効果があると考えられる。なお，事前抵抗テストでは，公式が与えられただ
けで，抵抗概念については，ほとんどの生徒が知らない状態であったにもかか
わらず，6人の生徒が算数の知識や技能を使って問題を解くことができた。し

表5-10　実験群の事前と事後における問3（第3用法の問題）の正答者の解
　　　　法例

| 問3の正答者の解法例 | | 人数 | |
|---|---|---|---|
| | | 事前 | 事後 |
| ア | $6 \div 10 = 0.6A$，$6 \div 30 = 0.2A$ を使用 | 6 | 8 |
| イ | $10 = 6 \div x$ より，$x = 0.6A$，$30 = 6 \div x$ より，$x = 0.2A$ を使用 | 2 | 0 |
| ウ | 抵抗器aの方が抵抗が小さいため | 0 | 6 |
| エ | 抵抗が小さいほど，1A当たりの電圧は小さくなる。そのため，同じ電圧ならば，抵抗が小さい方が電流は大きいため | 1 | 0 |
| オ | その他 | 0 | 2 |
| カ | 無記入 | 2 | 5 |
| | 合計 | 11 | 21 |

たがって，第5学年の算数で学習する速さの理解が，抵抗概念（関係性）の理解にも影響を及ぼしていると考えられる。内包量の理解について斎藤（2017）は，3つの量の関係の理解および操作を習熟させることも重要であると述べている。改めて，第5学年算数における速さの学習の大切さが示唆される。

## 4−2　内包量概念の独立性の理解を妨げた要因

　第4章（金井ら，2022）では，「関数的な見方・考え方」を働かせた授業を行うことで，内包量概念における関係性の第3用法と独立性の理解に一定の効果があることが明らかにされた。しかし，本章で一定の効果が見られたのは関係性の第3用法のみで，独立性の理解については有意な変容は見られなかった。ここでは，その要因について考察する。

　筆者は，独立性の理解には，内包量である比の値が一定になることを実験結果から見いだすことが大切だと考えた。そこで，オームの法則の授業において，比の値が一定になることをどれだけの生徒が見いだしているか，実験で使用したワークシート1（資料5-2：P151）およびワークシート2（資料5-3：P153）の問2の結果を基に検証することとした。なお，問2は，電圧と電流の測定結果から，各電圧（または電流）における電流と電圧の比の値を求め，「その結果からどんなことが言えるか」が問われており，求めた比の値を踏まえ，比の値が一定またはほぼ一定になることを見いだす内容となっている。

　表5-11（P142）より，比の値が一定またはほぼ一定になることを見いだした生徒は，反転前（電流−電圧グラフ）は33人中14人（42.4%），反転後（電圧−電流グラフ）は33人中17人（51.5%）であった。なお，第1学年の密度の授業において，同様の調査を行った第4章（金井ら，2022）では89.1%であったことが報告されている。

　では，なぜ，密度に比べ，抵抗においては比の値が一定またはほぼ一定になることを見いだせなかったのか。その要因の1つとして測定による誤差が考えられる。まず，第4章（金井ら，2022）では，体積を予め測定した物体を用意し，生徒は電子てんびんを用いて質量を測定するため，生徒の操作による誤差は非常に少ない。しかし，抵抗の実験では，電圧の調整や電圧と電流の

表5-11　実験群における反転前後の問2（比の値）の回答例

| 問2の回答例 | 人数 | |
|---|---|---|
| | 事前 | 事後 |
| ア　比の値が一定またはほぼ一定になっている | 14 | 17 |
| イ　比例関係である | 9 | 7 |
| ウ　抵抗器a，bの大小関係について指摘している | 8 | 4 |
| エ　抵抗器aは一定であるが，抵抗器bは一定でない | 0 | 4 |
| オ　その他 | 2 | 2 |
| カ　無記入 | 2 | 2 |

注）$n=33$，自由記述のため，重複した回答もある。

　読み取りを生徒が行うため，過失誤差が生じやすい。実際に授業では，電圧を正しく調整できなかったり，電流を正しく読み取れなかったりする生徒が多く見られた。そのため，生徒の電圧計と電流計の操作ミスによる誤差が影響したのではないかと考えた。表5-12（P143）は，密度およびオームの法則の授業における測定結果である。また，図5-1（P143），表5-13（P143）は，密度の授業において18班，オームの法則の授業において9班の測定値の誤差を箱ひげ図で示したものと，その四分位数表である。ただし，四分位数表は，外れ値を含んだ結果である。表5-13（P143）より，まず，密度（物体a，b），抵抗（抵抗器a，b）の測定値／真値の中央値は，すべて1.000であった。図5-1（P143）より，外れ値を除くと抵抗器bの中央値は若干1.000からずれるが，十分影響のない範囲であると言える。

　次に，誤差について，図5-1（P143）より，それぞれの最小値と最大値の幅を見ると，明らかに密度の方が抵抗より小さいことが分かる。これより，密度の方が抵抗よりも誤差の幅が大きいと言える。また，それぞれの外れ値を見ると，明らかに密度よりも抵抗の方が多い。そのため，生徒は外れ値に注意が行き，比の値を一定とみなさなかったのではないかと考えられる。なお，反転前において抵抗器bの方が抵抗器aよりも外れ値が大きいのは，抵抗器bの方が抵抗が大きいため，（特に電圧が小さいとき）電流が小さく，読み取り誤差が大きいためであると考えられる。そして，表5-13（P143）より，四分領域を見ると，密度の物体aおよび物体b，抵抗の反転後の抵抗器aは0.000で，

表5-12　密度および抵抗における測定結果

| | 測定資料 | 独立変数と測定回数 | 班数 | 比の値 | | | |
|---|---|---|---|---|---|---|---|
| | | | | 真値 | $M$ | $SD$ | $SD/M$ |
| 密度〔g/cm³〕 | 物体a | 体積：3回 | 18 | 2.70 | 2.72 | 0.01 | 0.00 |
| | 物体b | 体積：3回 | 18 | 8.96 | 8.90 | 0.01 | 0.00 |
| 抵抗 〔1/Ω〕 反転前 | 抵抗器a | 電圧：6回 | 9 | 100 | 100.02 | 2.58 | 0.03 |
| | 抵抗器b | 電圧：6回 | 9 | 50 | 51.15 | 1.73 | 0.03 |
| 〔Ω〕 反転後 | 抵抗器a | 反転前データ使用 | 9 | 10 | 10.02 | 0.24 | 0.02 |
| | 抵抗器b | 反転後データ使用 | 9 | 20 | 19.63 | 0.61 | 0.03 |

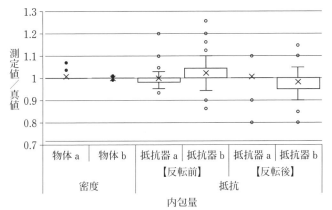

注）箱は第一四分位点と第三四分位点の幅，ひげは外れ値を除いた最
　　大値と最小値，× と○はそれぞれ平均値と外れ値を表す。

図5-1　密度および抵抗における測定誤差（箱ひげ図）

表5-13　密度および抵抗における測定誤差（四分位数表）

| | 内包量 | 最小値 | 第一四分位数 | 中央値 | 第三四分位数 | 最大値 | 四分領域 |
|---|---|---|---|---|---|---|---|
| 密度 | 物体a | 1.000 | 1.000 | 1.000 | 1.000 | 1.074 | 0.000 |
| | 物体b | 0.989 | 1.000 | 1.000 | 1.000 | 1.022 | 0.000 |
| 抵抗 反転前 | 抵抗器a | 0.930 | 0.983 | 1.000 | 1.000 | 1.200 | 0.009 |
| | 抵抗器b | 0.860 | 1.000 | 1.000 | 1.030 | 1.260 | 0.015 |
| 反転後 | 抵抗器a | 0.800 | 1.000 | 1.000 | 1.000 | 1.100 | 0.000 |
| | 抵抗器b | 0.800 | 0.963 | 1.000 | 1.000 | 1.150 | 0.019 |

注）最大値と最小値は外れ値を含む。

測定値のばらつきはほぼないことが分かる。表5-11（P142）の回答例エにおいて，反転後の抵抗器ｂの比の値は一定でないと答えている生徒が4人いることからも，生徒はこのばらつきから比の値が一定でないと判断した可能性が高い。しかし，表5-12（P143）より，抵抗における変動変数（SD／M）を見ると0.02または0.03と，真値に対してのばらつきは極めて小さく，ばらつきは十分誤差の範囲であると考えられる。

　この他に，密度の実験では，測定回数が3回しかないことから，3回のうち2回が同じ値であれば，生徒は「比の値がほぼ一定である」と判断していたのではないだろうか。実際，3回の測定結果のうち，3回とも比の値が異なっていた班は，18班中1班だけであった。それに対し，オームの法則の実験では，測定回数も6回と密度に比べて多く，いくつかの異なる測定値からばらつきが大きい（統計上は大きくない）と誤って認識し，「比の値がほぼ一定である」と判断できず，「比例関係」や「抵抗器の大小関係」に意識が向いたのではないだろうか。

　また，誤差の理解が十分できていないことは，グラフの作成からも見て取れる。表5-14（P145）は，ワークシート1（資料5-2：P151）およびワークシート2（資料5-3：P153）の問3の誤答例をまとめたものである。問3は，比の値を求めた後，実験結果をグラフに表す内容となっている。これより，誤答イは，誤差の理解ができていないことで生じる内容であると言える。正答としては，測定値が線の上下に均等に散らばるように直線を引く必要があるが（図5-2：P145），誤答では，折れ線でかいたりデータの一番大きな値に合わせて直線を引いていたり，中でも多かったのは傾きがきれいな値になるように直線を引いている場合であった（図5-3：P145）。反転前は5人，反転後は12人の誤答が見られたが，実際はきれいな傾きになるように引いた直線が，たまたま測定値が均等になるように引けた可能性もあり，事前と事後ともに誤答の人数は12人以上いたと考えられる。

　末廣・内ノ倉（2018）は，中高生を対象に，フックの法則を事例として，グラフの構成・解釈のメタ的知識（認識的知識）と手続き的知識の実態を調査した結果，「グラフの種類並びに近似線の描き方」において，誤った認識をもっ

表5-14　実験群における反転前後の問３の誤答例

| 問３の誤答例 | 人数 | |
|---|---|---|
| | 事前 | 事後 |
| ア　単位や量の表示がない | 9 | ― |
| イ　直線の引き方が間違っている | 5 | 12 |
| ウ　正しく点が打てていない | 2 | 0 |
| エ　直線がグラフの用紙の端まで引かれていない | 2 | 0 |

注）反転後のグラフ用紙には，単位や量が予め記載されている。

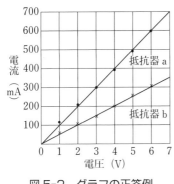

図5-2　グラフの正答例

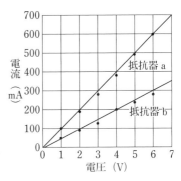

図5-3　グラフの誤答例

ている生徒が87%いること，および誤った認識をもっている生徒の内60%が適切に近似線を描けていたことから，正しい描き方を認識していない場合でも，手続きとしては描くことができる生徒の割合が高いことを明らかにしている。これは本章の生徒の実態と類似していると言える。以上のことをまとめると，測定は真値に近いデータを十分に測定できており，誤差も測定結果に影響を及ぼさない範囲であると判断できることから，オームの法則の授業において，比の値が一定またはほぼ一定になることを十分に見いだせなかった要因は，生徒による誤差の認識不足にあると考えられる。

　中学校学習指導要領（平成29年告示）解説理科編（文部科学省，2018a）では，第1学年における物体の変形について，ばねの伸びを測定する実験を行う際，「測定結果を処理する際，測定値には誤差が必ず含まれていることを踏

まえた上で規則性を見いださせるように指導し，誤差の扱いやグラフ化など，測定値の処理の仕方の基礎を習得させることが大切である」と明記されている。併せて，第2学年における電気抵抗について，金属線に加える電圧と流れる電流の大きさを調べる実験を行う際，「第1学年での『ばねに加える力の大きさとばねの伸びとの関係』の学習などと関連を図りながら，誤差の扱いやグラフ化など，測定値の処理の仕方を習得させることが大切である」と明記されており，どちらも誤差指導の重要性が述べられている。本来，オームの法則の実験では，表にまとめたデータを見ただけで，電圧と電流の比が一定であることを見いだすことは難しく，それらをグラフに表すことによって，グラフが原点を通る直線になることから，電圧と電流が比例関係にあり，比の値が一定になることを理解する。

　しかし，本章では，比の値を求め，それが一定になることを見いだしてからグラフに表すという授業を行った。数学で扱う比の値（2つの数量関係が比例関係にある場合）は常に一定の値を示し，誤差を伴わない。理科では測定値には必ず誤差が含まれており，比の値が常に同じ数値を示すことはまずない。特に，オームの法則の実験は誤差が大きいため，数学の授業と同様に，比の値を求め，それが一定になることを見いだし，比例関係を理解することは難しく，そのような数学的処理が自然の事物・現象に対する概念や原理・法則の理解の妨げになっているとも考えられる。そのため，比の値が一定になることを十分に理解できていないと，たとえグラフ化して電圧と電流が比例関係になることを見いだせたとしても，そのことと電圧と電流の比の値が一定になり，内包量が保存されることが結び付かなかったのではないだろうか。

　したがって，数学と理科ではそれぞれ特性が異なることから，違うアプローチが必要になると考えられる。理科は測定値をグラフ化し，結果を分析して解釈することで誤差を理解し，規則性を見いだすことができる。比の値を求めてからグラフ化するのではなく，グラフ化してその傾きから比の値を求めることの方が自然であり，その方が比の値が一定であることを見いだし，内包量が保存されることへの理解につながると考えられる。

　おわりに

　本章の目的は，中学校第2学年のオームの法則において，「関数的な見方・考え方」を働かせた授業を実施し，数式やグラフの意味についての理解を深め，グラフを活用することで，生徒の内包量概念の理解にどのような変容が見られるのかを明らかにすることであった。この目的を達成するために，統制群，実験群いずれも35人を対象に，意識調査，抵抗テスト，オームの法則の授業を実施した。その結果，次の3点が明らかになった。1つ目，本章の指導法は内包量概念における関係性の第3用法の理解促進に効果がある。2つ目，内包量概念の独立性の理解を高めるためには，比の値が一定であることを見いださせる必要がある。3つ目，第3用法の理解（全体量÷内包量＝土台量）に向けて，グラフの傾きの意味を考える活動は生徒にとってかなり難しい。

　また，グラフの傾きの意味が十分に理解できなかった要因として2点考えられる。1つ目，オームの法則の授業を行った時点で，数学の一次関数を履修していなかったことである。グラフの傾きについては，第2学年の一次関数で学習するため（文部科学省，2018b），小学校第5学年の算数や中学校第1学年の数学の比例では詳しく扱われていない。したがって，生徒の多くは，グラフの傾きが「従属変数の変化量」÷「独立変数の変化量」で表されることを知らなかったと考えられる。電流－電圧グラフではグラフの傾きを電流の大きさと捉え，電圧－電流グラフでは電圧の大きさと捉える生徒が認められたことからも（表5-9：P139），傾きを「従属変数の変化量」として認識し，単位量当たりの大きさであることを理解できていないことが分かる。通常のカリキュラムでは，数学の一次関数は7月頃行われ，理科のオームの法則は10月頃行われるため，数学→理科の順番で行われるが，本章では，数学の一次関数の前にオームの法則の授業を実施した。今後の課題として，数学の一次関数の後に実施し，グラフの傾きの意味について考える活動が第3用法の理解にどのように影響するか検証する必要がある。

　2つ目，中学校理科教科書では，電圧について「回路に電流を流そうとする

はたらきの大きさ」と記されているだけであり（学校図書，2020），生徒が十分に理解することなく学習を終えている可能性がある。そのため，各電圧または電流における比の値を求め，それが一定になることを見いだしたり，電流と電圧をグラフ化し，比例関係を導き出したりしたとしても，比の値が何を表しているかや，グラフの縦軸・横軸がそれぞれ何を意味するかを理解せず作業していると推察される。したがって，傾きが何を意味するのかと問われると，電流と電圧の関係性が理解できていないため，従属変数の変化だけに着目し，電流の大きさや電圧の大きさと回答するのではないかと考えられる。

　以上のことから，グラフの傾きの意味だけでなく，比の値（抵抗）の意味を理解させるためには，電流と電圧の正しい概念形成を促す指導が必要であり，これによって内包量概念の理解も深まると考える。

**参考文献**

1)　金井太一・小川佳宏・山田貴之（2022）「理科と数学の学習の順序性が密度概念の理解に及ぼす効果 ― 中学校第1学年理科『密度』の発展的授業を通して ―」『理科教育学研究』第62巻，第3号，577-584。

2)　山田貴之・稲田佳彦・岡崎正和・小林辰至（2020）「『関数的な見方・考え方』を働かせた理科授業の改善に関する一考察 ― 数学と理科の教科横断的な視点から ―」『上越教育大学研究紀要』第39巻，第2号，555-575。

3)　山田貴之・稲田佳彦・岡崎正和・栗原淳一・小林辰至（2021）「数学との教科等横断的な学習を促す理科授業の試み ― 関数概念を有する密度の学習に焦点を当てて ―」『理科教育学研究』第62巻，第2号，559-576。

**引用文献**

1)　安藤秀俊・小原美枝（2010）「数学と理科の関わりについての意識調査」『科学教育研究』第34巻，第2号，207-219。

2)　学校図書（2020）『中学校科学2 SCIENCE』158。

3)　勝田紀仁・山下修一（2015）「オームの法則の学習におけるグラフの理解を改善する授業の開発」『千葉大学教育学部研究紀要』第63巻，7-11。

4)　北村太一郎・栗田一良（1983）「中学生・高校生のグラフ化に関する調査（その1）― 正比例のグラフについて ―」『日本理科教育学会研究紀要』第24巻，第2号，55-62。

5)　国立教育政策研究所（2018）『平成30年度全国学力・学習状況調査報告書【中学校】理科』

61-62。

6)　松原静郎（2008）「PISA 型テスト解答に見る“問題な言語力”」『楽しい理科授業11月号』明治図書，8-11。

7)　文部科学省（2008）『中学校学習指導要領解説数学編』教育出版，8-19。

8)　文部科学省（2018a）『中学校学習指導要領（平成29年告示）解説理科編』学校図書，40-41。

9)　文部科学省（2018b）『中学校学習指導要領（平成29年告示）解説数学編』日本文教出版，118-119。

10)　斎藤裕（2002）「短大生を対象とした内包量の理解に関する研究」『県立新潟女子短期大学研究紀要』第39巻，25-35。

11)　斎藤裕（2017）「『相加平均』操作に焦点を当てた内包量の理解度調査とその学習支援方略の研究」『人間生活学研究』第8巻，81-88。

12)　末廣渉・内ノ倉真吾（2018）「中学生・高校生のグラフの構成・解釈のメタ的認知と手続き的認知の関係 ― おもりとばねの長さの関係を表すグラフの構成・解釈を事例として ―」『日本科学教育学会研究会研究報告』第33巻，第2号，55-60。

13)　辰巳哲治・松下賢（2006）「論理的な思考力を目指してⅢ」『北海道教育大学附属函館中学校紀要』44-49。

14)　辻千秋・伊禮三之・石井恭子（2010）「内包量概念の形成に関する調査研究」『福井大学教育実践研究』第35巻，97-102。

15)　吉川芳則（2007）「説明的文章の学習指導要領の観点から見た小学校理科教科書」『全国大学国語教育学会発表要旨集』第113号，69-72。

## 付記

　本章は『上越教育大学研究紀要』第42巻（2022）に掲載された「『関数的な見方・考え方』を働かせた理科授業が内包量概念の理解に及ぼす効果 ― 中学校第2学年のオームの法則において ―」を書き直したものである。

## 資料 5-1　抵抗テスト

　電流の流れにくさを電気抵抗または抵抗と言います。抵抗の単位にはオーム（記号 Ω）が使われます。1V の電圧をかけたときに 1A の電流が流れるときの抵抗の大きさを 1Ω と決めています。図 1 の回路において，表 1 を見ながら，以下の問題に答えてください。なお，抵抗は「抵抗（Ω）＝電圧（V）÷電流（A）」の公式で求められます。

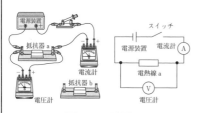

**表 1　抵抗表**

| 抵抗器 | a | b | c | d |
|---|---|---|---|---|
| 抵抗 | 10 Ω | 20 Ω | 30 Ω | 40 Ω |

図 1　回路図

**問 1**　0.2A の電流が流れたとき，電圧は 4V でした。この抵抗器は a ～ d のどれですか。次のア～オから 1 つ選び，記号で答えてください。
　　ア　抵抗器 a　　　イ　抵抗器 b　　　ウ　抵抗器 c　　　エ　抵抗器 d
　　オ　わからない

**問 2**　0.3A の電流が流れた抵抗器 a と，同じく 0.3A の電流が流れた抵抗器 d では，どちらの方が加わる電圧が大きいですか。次のア～オから 1 つ選び，記号で答えてください。
　　ア　抵抗器 a　　　イ　抵抗器 d　　　ウ　どちらも同じ
　　エ　わからない

**問 3**　6V の電圧を加えた抵抗器 a と，同じく 6V の電圧を加えた抵抗器 c では，どちらの方が流れる電流が大きいですか。次のア～エから 1 つ選び，記号で答えてください。
　　ア　抵抗器 a　　　イ　抵抗器 c　　　ウ　どちらも同じ
　　エ　わからない

**問 4**　1A の電流が流れた抵抗器 a と，1000A の電流が流れた抵抗器 a では，どちらの方が抵抗が大きいですか。次のア～エから 1 つ選び，記号で答えてください。
　　ア　1A　　　イ　1000A　　　ウ　どちらも同じ　　　エ　わからない

**問 5**　1V の電圧を加えた抵抗器 b と，1000V の電圧を加えた抵抗器 b では，どちらの方が抵抗が大きいですか。次のア～エから 1 つ選び，記号で答えてください。
　　ア　1V　　　イ　1000V　　　ウ　どちらも同じ　　　エ　わからない

注）紙面の都合上，各問の解答欄は省略した。

### 資料5-2　ワークシート1：「電圧と電流の関係について調べよう」

| 準備 | 電源装置，抵抗器（10Ω，20Ω），スイッチ，クリップつき導線，電流計，電圧計 |

| 方法 |

1. 回路をつくる。
   ・右図のような回路をつくり，電流計と電圧計をつなぐ。
2. 電圧と電流の大きさをはかる。
   ・電源装置の電圧調整つまみを回していき，電圧計の値を見ながら，電圧の大きさを1V，2V，3Vと，6Vまで変えていく。
   ・それぞれのときの電圧と電流の大きさをはかる。
3. 抵抗器を取りかえる。
   ・抵抗器を取りかえて，2と同じ実験を行う。

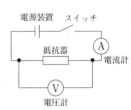

| 結果 |

・結果を表に記入する。

抵抗器a

| $x$ | 電圧 [V] | 0 | 1.0 | 2.0 | 3.0 | 4.0 | 5.0 | 6.0 |
|---|---|---|---|---|---|---|---|---|
| $y$ | 電流[mA] | 0 | | | | | | |

抵抗器b

| $x$ | 電圧 [V] | 0 | 1.0 | 2.0 | 3.0 | 4.0 | 5.0 | 6.0 |
|---|---|---|---|---|---|---|---|---|
| $y$ | 電流[mA] | 0 | | | | | | |

| 考察 |

問1　抵抗器aとbにおいて，電圧が1.0～6.0Vのときの電流と電圧の比の値をそれぞれ求めなさい。なお，数値は小数第1位を四捨五入して，整数で答えなさい。

※電流と電圧の比の値 $= \dfrac{x}{y} = \dfrac{電流}{電圧}$

| 電圧 [V] | 1.0 | 2.0 | 3.0 | 4.0 | 5.0 | 6.0 |
|---|---|---|---|---|---|---|
| 抵抗器aの比の値 | | | | | | |
| 抵抗器bの比の値 | | | | | | |

問2　問1の結果からどんなことが言えるか。

| |
|---|

問3　結果をグラフに表しなさい（ただし，抵抗器 a は●，抵抗器 b は×で印を付けること）。
　　　※紙面の都合上，グラフ作成欄は省略した。

問4　抵抗器 a と b，それぞれについて，電圧を $x$，電流を $y$ として，$y=ax$ の形で表しなさい。

| 抵抗器 a の電流と電圧の関係 | |
|---|---|
| 抵抗器 b の電流と電圧の関係 | |

問5　比の値（グラフの傾き）は抵抗器のどんな性質を表しているか。次の　　　　　に当てはまる言葉を考えなさい。

抵抗器の | |
|---|

問6　12V の電圧を加えると，600mA（＝0.6A）の電流が流れる抵抗器があった。この抵抗器は a と b のどちらか。理由も含めて答えなさい。

| 答え | |
|---|---|
| 理由 | |

問7　3.5V の電圧を加えたとき，抵抗器 a と b では，どちらの方が流れる電流が大きいか。

| 答え | |
|---|---|
| 理由 | |

問8　200mA の電流が流れたとき，抵抗器 a と b では，どちらの方が加わる電圧が大きいか。

| 答え | |
|---|---|
| 理由 | |

## 資料5-3　ワークシート2：「軸を反転させるとどんなことが分かるか」

考察

・前時の実験結果を基に下の表を完成させなさい。ただし，数値は四捨五入して小数第2位までとすること。

抵抗器 a

| $x$ | 電流［A］ | 0 | | | | | | |
|---|---|---|---|---|---|---|---|---|
| $y$ | 電圧［V］ | 0 | 1.0 | 2.0 | 3.0 | 4.0 | 5.0 | 6.0 |

抵抗器 b

| $x$ | 電流［A］ | 0 | | | | | | |
|---|---|---|---|---|---|---|---|---|
| $y$ | 電圧［V］ | 0 | 1.0 | 2.0 | 3.0 | 4.0 | 5.0 | 6.0 |

問1　抵抗器 a と b において，電流が①～⑥のときの電圧と電流の比の値をそれぞれ求めなさい。なお，数値は小数第1位を四捨五入して，整数で答えなさい。

※電圧と電流の比の値 $= \dfrac{y}{x} = \dfrac{電圧}{電流}$

| 電流［A］ | ① | ② | ③ | ④ | ⑤ | ⑥ |
|---|---|---|---|---|---|---|
| 抵抗器 a の比の値 | | | | | | |
| 抵抗器 b の比の値 | | | | | | |

問2　問1の結果からどんなことが言えるか。

| |
|---|

問3　電圧と電流の軸を反転させたグラフをかきなさい（ただし，抵抗器 a は●，抵抗器 b は×で印を付けること）。

※紙面の都合上，グラフ作成欄は省略した。

問4　抵抗器 a と b，それぞれについて，電流を $x$，電圧を $y$ として，$y = ax$ の形で表しなさい。

| 抵抗器 a の電流と電圧の関係 | |
|---|---|
| 抵抗器 b の電流と電圧の関係 | |

問5　比の値（グラフの傾き）は抵抗器のどんな性質を表しているか。次の
　　　□□□□□に当てはまる言葉を考えなさい。

抵抗器の □□□□□□□□□□□□□

問6　12V の電圧を加えると，600mA（＝0.6A）の電流が流れる抵抗器があった。
　　　この抵抗器はａとｂのどちらか。理由も含めて答えなさい。

| 答え | |
|---|---|
| 理由 | |

問7　3.5V の電圧を加えたとき，抵抗器ａとｂでは，どちらの方が流れる電流が
　　　大きいか。

| 答え | |
|---|---|
| 理由 | |

問8　0.2A の電流が流れたとき，抵抗器ａとｂでは，どちらの方が加わる電圧が
　　　大きいか。

| 答え | |
|---|---|
| 理由 | |

問9　軸を反転させることで，何か気付いたり，分かったり，考えたりしたこと
　　　はありますか？　できるだけたくさん書いてください。

| |
|---|

問10　表にまとめることとグラフにすることを比較したとき，グラフにするこ
　　　とのよさは何だと考えますか？　できるだけたくさん書いてください。

| |
|---|

# 第 **6** 章

## 「関数的な見方・考え方」を働かせる授業方略が２量関係の理解および 「理科と数学の教科等横断的な学習の意義」に対する意識に及ぼす影響
― 中学校第１学年理科「フックの法則」において ―

### は じ め に

　中学校学習指導要領（平成 29 年告示）解説理科編（文部科学省，2018a）
において，「観察，実験の結果を分析し解釈する学習活動の充実を図ること
は，思考力，判断力，表現力等を育成するためにも重要である。そのために
は，データを図，表，グラフなどの多様な形式で表したり，結果について考察
したりする時間を十分に確保することが大切」と記述があり，グラフなどの作
成能力や，データ解釈能力は理科教育において重視されている。中学校学習
指導要領（平成 29 年告示）解説数学編（文部科学省，2018b）でも理科との
共通点が見られ，関数において，表，式，グラフを用いて説明することが求め
られているとともに，具体的な事象との関わりの中で学習する大切さが述べら
れている。グラフの能力（主にグラフの読解・作成能力）と理科全般の能力は
高い相関関係があること（Morimoto, Ishikawa & Fukuda, 2008），理科と
数学は互いに関わりをもち，密接な関係にある教科であること（安藤・小原，
2010）から，理科と数学を関連させながら授業を組み立てていく必要がある。
　しかしながら，中学生のデータ解釈能力には課題があること（宮本，
2020），表やグラフを用いる理由の不明確さ（原田・鈴木，2017），中学校理
科では，変数に着目したデータ解釈やデータのとり方，データの整理・表現
は学年進行とともに増えるわけではないことが明らかにされている（宮本，
2014）。グラフの読解に関して安藤・小原（2010）は，数学が好きな中学校の

生徒でも，理科においてグラフを扱う際に困難が生じており，式の意味を具体
的な事象として読み取ることや，表，式，グラフを関連付ける力が弱いこと
を指摘している。また，2つの量の関係性を生徒に理解させるには，具体的な
実験を行いながら2つの数量を相互に変化させて，その変化を表やグラフに
まとめさせる過程を踏ませることが必要であるが（石井，2015），中学校理科
では，密度やフックの法則，オームの法則など，2つの量の間に比例関係のあ
る事象がいくつかあり，いずれも生徒に理解させることが難しいとされている
（第1章：山田ら，2020）。例えば，フックの法則では，生徒の多くはばねの
のびを正確にはかることに集中するあまり測定値をグラフ化する直前まで比例
関係には気付かないこと（石橋・浦野・真崎，2015），オームの法則では，多
くの生徒が電流と電圧の違いの理解さえ不十分であり，公式として「$E=RI$」
を単に記憶しているだけであること（福山，2000），ただ機械的に計算し答え
を出すだけで，物理的現象と関連させて理解していない生徒がかなりいること
（藤垣・松本，1993）などが報告されており，得られた実験結果のデータを読
解，解釈し，実際の事物・現象を関連させながら関係性や規則性を理解するこ
とに課題があると考えられる。

　これらの課題に対して，第1章（山田ら，2020）では，中学校理科の密度，
質量パーセント濃度，フックの法則，オームの法則等の学習において，理科と
数学で共有できる「関数的な見方・考え方」を働かせて取り組ませること，理
科と数学に共通の比の値に着目し，これが一定であることを根拠として，比例
関係を見いだして理解させることで，深い学びが実現できるとしている。ま
た，福田・遠西（2021）は，オームの法則の指導場面において，回路に流れる
電流とそこにかかる電圧の関係についてコンダクタンスの概念を導入して実践
を行っている。そして，グラフの傾きの違いや比例定数が電熱線のもつ電流の
流れやすさだとする理解を促したと述べている。第5章（金井ら，2020）で
は，オームの法則の授業において，比の値の意味について考えさせる活動を取
り入れるとともに，実験結果を基に軸を反転させた表とグラフを作成し，グラ
フの傾きの意味を考えさせる活動を取り入れる指導が，内包量概念といった2
量関係の理解に効果があるとしている。この比の値やグラフの傾きの意味を考

えさせる授業方略は，結果の表からグラフ化し，比例関係を見いだすフックの法則にも取り入れることが可能であり，2量関係の理解に効果があると期待できる。自然の事物・現象から変数を取り出し，それらを数値化・数式化する経験は早い学年で行った方が効果が高いことからも（安原・金児，2018），実験結果から得られたデータを分析・解釈し，グラフの傾きや数値，数式を事物・現象と結び付けて理解を図る活動を早期から効果的かつ継続的に取り入れることが重要であり，これらの授業方略によって理数教育の充実につながると考える。安藤（2015）は，理数教育の充実を図るために，「今後，理科と数学を関連付けた実際の授業プランを具体的に考案し，実践を通じてその教育的な効果を検証していく必要がある」と述べている。

　ここで，教育的な効果として，以下の先行研究から認知的側面と情意的側面の双方に着目した。石井・箕輪・橋本（1996）は，数学と理科の関連を重視した指導の必要性について，数学と理科の教師が互いに両教科の学習内容を把握し，生徒に学習の転移が起きやすいような指導を行う有効性と，生徒が数学と理科の共通性に気付くことで学習の転移が起きやすいことを述べている。石井・橋本（2013）は，教科間に共通な原理・構造があることへの気付きや，他教科で学んだ知識を活用して解いてみようとする「関連づけ」の意識の向上によって生徒の理解を深め，学習を転移させる力を高めること，さらに，そのような気付きと関連付けの意識をもって教師が授業を行う必要があることを報告している。橋本（2020）は，教科・教師間の連携により，子どもに両教科内容の関連意識が高まるとともに内容の理解が深まり，子どもの問題解決能力を高める効果があるとしている。第2章（河本ら，2022）では，「理科と数学の教科等横断的な学習の意義」の意識の傾向から，自然の事物・現象や実験結果を数学的な知識・技能を活用しながら定量的に分析・解釈し，グラフ化したり公式や規則性を導いたりする活動の必要性を示唆している。このように，理科と数学の教科等横断的な学習に対する意識の向上と学習内容の理解には関連性があり，授業方略を組み入れることで，認知的側面と情意的側面の双方の向上が期待できる。よって，2量関係を取り扱う学習内容に「関数的な見方・考え方」（第1章：山田ら，2020）を働かせる授業方略を組み入れる際に，認知的

側面と情意的側面を同時に検証し考察することは，理科と数学の教科等横断的な学習による教育的効果を明らかにする点で意義がある。しかしながら，2量関係を取り扱う理科授業において，グラフを作成し，それを式に表したり，比例定数（比の値，傾き）の意味を物理現象と関連させて解釈したりするなど，「関数的な見方・考え方」を働かせる授業方略を組み入れたことによる2量関係に関する理解といった認知的側面と，理科と数学の教科等横断的な学習に対する意識といった情意的側面の変容や効果を同時に調査した先行研究は，過去40年間分の理科教育に関する学術論文（例えば，『理科教育学研究』『科学教育研究』）を精査した限り見当たらなかった。

　そこで本章では，2量関係を取り扱う学習内容に，先行研究を参考にした授業方略を組み入れた際の学習者の認知的側面と情意的側面の変容や効果を調査することにした。その際，第2章（河本ら，2022）において，「理科と数学の教科等横断的な学習の意義」に対する学習者の意識を調査した質問紙を用いることで，情意的側面における変容や効果の詳細が明らかになると考えた。第2章（河本ら，2022）では，「関数的な見方・考え方」が4因子（「問題解決への意識」「理科における学習方略」「理科学習での数学の必要性」「数式化・数値化の意識」）を経由しながら，「理数学習の有用性」に影響を及ぼすことを明らかにしている。また，第2章（河本ら，2022）の知見から，密度やフックの法則，オームの法則といった2量関係を取り扱う理科授業において，「理数学習の有用性」の意識を高めるためには，「関数的な見方・考え方」を取り入れた指導の効果が示唆される。

　これらを踏まえ，中学校の理科授業において，2量関係を具体的な事物・現象として扱い，グラフ作成スキルを身に付けた上で，生徒自ら実験を行い，得られた結果をグラフ化し，規則性や法則性を見いだしていくフックの法則の学習との出会わせ方が重要だと考えた。そこで本章では，2量関係の理解を実験結果の表からグラフを作成して式に表したり，表やグラフ，式を分析・解釈したりする力と規定し，中学校第1学年のフックの法則において，「関数的な見方・考え方」を働かせ，かつ「理科と数学の教科等横断的な学習の意義」を構成する因子を高める授業方略を組み入れることで，2量関係の理解や，「理科

と数学の教科等横断的な学習の意義」に対する意識の変容にどのような影響を及ぼすのかを明らかにすることとした。なお，本章では，理科と数学を関連付ける方法と意義を整理した髙阪（2015）を参考にし，具体的な理科の学習内容と抽象的な数学の学習内容とのつながりを構築し，概念の形成と転移の促進が期待できる学習内容の比較プロセスによる関連付け，および理科と数学の考え方の共通点と相違点に着目し，異なった考え方を用いて各教科で扱う対象の考察を行うことで知識の獲得と一般化が促進される考え方の比較プロセスによる関連付けを「理科と数学の教科等横断的な学習」と定義した。

## 第1節　目　　　的

　本章では，中学校第1学年のフックの法則において，「関数的な見方・考え方」を働かせ，かつ「理科と数学の教科等横断的な学習の意義」を構成する因子を高める授業方略を組み入れることによる，実験結果の表からグラフを作成して式に表したり，表やグラフ，式を分析・解釈したりする力や，「理科と数学の教科等横断的な学習の意義」に対する意識に及ぼす効果を明らかにすることを目的とした。

## 第2節　方　　　法

### 2-1　調査対象と時期

　新潟県内の義務教育学校に在籍する7年生3学級80名を対象に，2021年10月下旬から2022年1月中旬にかけて質問紙調査と調査問題，授業を行った(注1)。本章では，フックの法則（力の大きさとばねの伸びの関係）の理科授業による効果について検討することを目的としているため，事前（10月下旬），事後（1月中旬）に同一の質問紙と調査問題を用いることとした。7年1組を実験群A，7年2組を実験群B（実験群Aと同一の授業），7年3組を統

制群として教科書の文脈に沿った授業をそれぞれ行った。

## 2-2 授業の概要

### 2-2-1 授業計画

　後述する「2-2-2」(P161) および「2-2-3」(P162) の授業方略を踏まえ，全3時間からなるフックの法則の授業を設計した（図6-1）。

　第1時では，2種類のばねばかりの伸びの違いに着目させ，「ばねの伸びとおもりの質量（力の大きさ）には，どのような関係があるだろうか」という課題を設定し，実験群では2種類のばねで，統制群では1種類のばねで実験を行わせた。両群ともに，実験で得られた結果を整理した表からは比例関係が見いだせなかったことから，表をグラフ化し規則性を見いだす必要性を感じさせた。

　第2時では，「ばねの伸びとおもりの質量（力の大きさ）の関係をグラフで

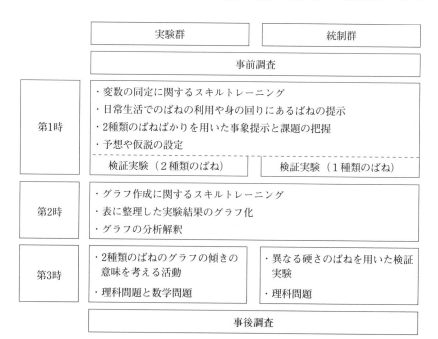

図6-1　授業計画（全3時間）

表すと，どんなことが分かるだろうか」という課題を設定した後，まず，グラフ作成に関するスキルトレーニングを行った。次に，表をグラフ化させ，比例関係を見いださせた。最後に，実験群では2種類のばねのグラフの傾きの意味に関する疑問をもたせ，次時の見通しをもたせた。一方，統制群では「別のばねでも同じように比例関係（フックの法則）が成り立つだろうか」という疑問をもたせ，次時の見通しをもたせた。

　第3時では，実験群において「2種類のばねの違いは何だと言えるだろうか」という課題を設定し，グラフの直線を数学の既習事項を活用させながら式化し，比例定数の違いや直線の傾きの意味について考察させた。また，フックの法則の比例式の$x$や$y$に力の大きさやばねの伸びを代入して内挿・外挿を求めさせる活動も取り入れたことで，数式化する利点や，同一直線上にある点の意味を捉えさせた。その後，理科の練習問題（以下，理科問題と表記）と数学の練習問題（以下，数学問題と表記）をそれぞれ取り入れることで，理科学習における数学の必要性や理科と数学の関連性を実感させることを図った。一方，統制群においては「フックの法則はどのばねでも成り立つだろうか」という課題を設定し，別の種類のばねや質量の異なるおもりを準備し，各班でそれらを選択させながら実験を行わせ，結果の表からグラフに表す一連の活動の習熟を図った。また，理科問題のみに取り組ませることで，理科の文脈での解法を確認した。

## 2-2-2　理科授業に組み入れる「関数の指導事項」

　本章では，第1章（山田ら，2020）で設定した理科と数学が共有できる「関数的な見方・考え方」を援用するとともに[注2]，第3章（山田ら，2021）において，「関数的な見方・考え方」および高阪（2015）の「関数的考え方の対応」を参考に整理した「関数の指導事項」を授業方略として組み入れることとした（図3-4：P79）。具体的には，測定結果の表をグラフに表し，特徴や関係性を見いだすといったデータ処理に関する一連の学習場面や，2量関係のグラフから比例式に表し，比例定数の大きさやグラフの傾きの違いについて考察する学習場面を設定した。

### 2-2-3 両群で統一する授業方略

　本章では，教科書の文脈に沿った学習内容を両群で統一する授業方略とし
て組み入れることとした。具体的には，山田・古川・小林（2017）を参考に，
変数の同定に関するスキルトレーニング用ワークシートを用いて，独立変数
と従属変数の同定および因果関係を踏まえた仮説設定に関する指導や，グラ
フ作成に関するスキルトレーニング用ワークシートを用いて，グラフの作成
方法や比例のグラフの条件，誤差などの指導を行うこととした。さらに，内
海（2015）の「学習の出発点において日常生活や社会との関連を取り扱うこ
とで，生徒が科学的概念を学習する前提となる必要性をつくりだしている」と
の示唆を参考に，導入段階で日常生活でのばねの利用を示すこととした。具体
的には，ばねが利用されている洗濯バサミや台秤，自動車のサスペンション，
ベッドスプリング，ボールペン等の画像資料を提示することとした。また，こ
れらの画像資料については，フックの法則を見いだしたときやグラフの傾き，
比例定数の意味を捉えられたときに繰り返し提示することで，得られた結果と
日常生活とを結び付けて考察させることとした。

　加えて，石井ら（1996）を参考に，理科問題と数学問題を作成した。理科
問題についてはフックの法則の内容で作成した。具体的には，力の大きさと
ばねの伸びの関係をグラフで提示し，グラフの数式化や傾き（比例定数）の意
味，内挿・外挿を問う設問を作成した。数学問題については理科問題と同様の
文脈で作成した。具体的には，自動車が進んだ距離と時間の関係を問う設問を
作成した。理科問題と数学問題を授業で取り入れることで，理科と数学の両教
科の関連や文脈の違いに因らない解法の共通点を理解させることとした。この
うち，理科問題を両群に，数学問題を実験群のみに取り入れることとした。そ
して，教科書の文脈に沿った学習内容を両群で統一する授業方略として組み
入れることで，できる限り条件の差の縮小化を試みた。また，これらの授業方
略は，「2-2-2」（P161）で述べた「関数の指導事項」（図3-4：P79）ととも
に，第2章（河本ら，2022）で明らかにした「理科と数学の教科等横断的な
学習の意義」に対する意識（表2-2：P55）を向上させる効果があると考えら
れる。詳細については，後述する「2-6」（P166）を参照されたい。

## 2−3　調査問題と解答例の作成

　2量関係の理解を評価するために，密度の問題（ある物体の体積と質量がプロットされたグラフを読解する問題），水の温まり方の問題（水の加熱時間と温度上昇に関するグラフを作成して式に表す問題），ゴムの伸びと車の走った距離という2変数を同定する問題，溶解度曲線と溶解量の差という複合グラフを読解する問題を作成し，事前と事後で用いた（図6-2：P164）。解答時間はいずれも25分間であった。解答例は表6-1（P165）の通りである。調査問題の内容および表現方法，解答例については，理科教育学研究者2名，教職経験10年以上の経験豊富な大学院生3名，理科教育学を専門とする大学院生1名の計6名で検討した。なお，本章では，実験結果の表からグラフを作成して式に表したり，表やグラフ，式を分析・解釈したりする力の育成に及ぼす授業方略の効果を明らかにすることを目的としているため，作成した4問のうち，密度の問題と水の温まり方の問題を分析対象とした。

### 2−3−1　大問1　密度の問題

　大問1は，第1章（山田ら，2020）および第3章（山田ら，2021）を参考に，4つの設問で構成されており，主に表やグラフ，式を分析・解釈する力を評価するものとして作成し，縦軸に質量（g），横軸に体積（cm$^3$）をとったグラフ上の座標から必要な情報を読み取って解答する問題を出題した。

　設問（1）および（2）は，グラフ上の座標から同一の物質を表す組み合わせを解答し，その理由を記述する問題である。それぞれの座標の数値を読み取って密度の公式から導き出す方法（以下，密度の公式から導き出す解法と表記）と，同じ物質であれば体積と質量は比例し，測定値のプロットが原点を通る同一直線上にあることから解答する方法（以下，比例関係的に考察する解法と表記）の2通りの解法が考えられる。設問（3）は，密度と体積から質量を求める第2用法（内包量×土台量＝全体量）の問題である。これも，密度の公式から導き出す解法と，同じ物質であれば，体積が4倍になれば質量も4倍になるという比例関係的に考察する解法の2通りが考えられる。なお，どちらの解法であっても正答であれば，2量関係の理解が図られているものと判断し

1. 下の図は5種類の物体A〜Eについて体積と質量をはかり，グラフにまとめたものです。以下の問題に答えましょう。
(1) A〜Eの中に同じ物体があります。どれとどれが同じ物体であると考えられますか。当てはまる組み合わせを全て書きましょう。
(2) (1)について，なぜ同じ物体だと考えましたか。理由を書きましょう。
(3) 物体Bが8cm³のときは何gですか。考え方も一緒に書きましょう。
(4) 密度が4g/cm³で，質量が40gの物体の体積は何cm³ですか。考え方も一緒に書きましょう。

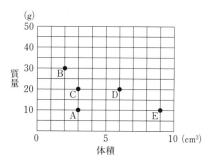

2. ビーカーに水250mlを入れて，ガスバーナーの火を一定の大きさにして5分間加熱しました。下の表は，その結果をまとめたものです。以下の問題に答えましょう。
(1) 加熱時間と水の上昇温度（はじめの温度から何度あがったか）の関係を表すグラフをかきましょう。
(2) グラフから，加熱時間と水の上昇温度はどんな関係と言えますか。その関係を$x$と$y$を使った式に表しましょう。

| 加熱時間 | 0 | 1 | 2 | 3 | 4 | 5 |
|---|---|---|---|---|---|---|
| 水の温度 | 15.1 | 17.2 | 18.9 | 21.2 | 22.9 | 25.1 |
| 上昇温度 | 0 | 2.1 | 3.8 | 6.1 | 7.8 | 10.0 |

注) 単位：時間（分），温度（℃）

図6-2　調査問題

た。設問（4）は質量と密度から体積を求める第3用法（全体量÷内包量＝土台量）の問題である。

　そして，設問（1）については，AとDの組み合わせを記入できていれば正答とした。設問（1）の根拠となる考えを記述する設問（2）については，密度の公式から導き出す解法と，比例関係的に考察する解法のどちらかが記述でき

ていれば正答とした。設問（3）および（4）については，答えを求めるための
考え方が式や文章，図などで記述してあり，かつ答えが合っていれば正答とし
た。

### 2－3－2　大問2　水の温まり方の問題

　大問2は，金子・小林（2011）を参考に，2つの設問から構成されており，
主に実験結果の表からグラフを作成して式に表す力を評価するものとして作成
した。設問（1）は加熱時間と水の上昇温度の文脈でグラフを正しく作成でき
るかをみる問題，設問（2）は設問（1）でグラフ化した比例関係を比例式に表
す問題である。設問（1）は①縦軸・横軸の項目名，②単位，③適切な目盛り
（原点を含む），④測定値のプロット，⑤原点を通る直線の5観点を設定し，完
答とした。さらに，観点別の正答数を集計し，分析を加えた。設問（2）は $y$
$=2x$ を正答とした。

### 2－4　調査問題の分析方法

　まず，表6-1に従って採点し，調査問題全体，各大問および各設問の得点
の平均得点（標準偏差）をそれぞれ算出した。次に，統計解析ソフトSPSS 28

表6-1　解答例（各1点，6点満点）

| 大問 | 設問 | 解答例 |
|---|---|---|
| 1 | (1) | AとD |
| | (2) | ・AとDは，原点を通る比例の直線上にあるから<br>・Aの密度（10÷3）とDの密度（20÷6）はいずれも 10/3（g/cm³）<br>　となり等しいから |
| | (3) | ・体積と質量は比例関係なので，質量を $x(g)$ とすると，$2:30=8:$<br>　$x$ と比で表せるので，$x=120$（g）<br>・Bの密度は，$30÷2=15(g/cm^3)$ なので，$8cm^3$ では，$15×8=120(g)$ |
| | (4) | $40÷4=10$（cm³） |
| 2 | (1) | ①縦軸・横軸の項目名，②単位，③適切な目盛り，④測定値のプロッ<br>ト，⑤原点を通る直線（完答） |
| | (2) | $y=2x$ |

Advanced Statistics を用いて，群間（被験者間要因）と時期（被験者内要因）について繰り返しのある二元配置分散分析を行い，群間の差異や時期の変容を比較検討した。最後に，大問1の設問（2）および（3）については，Fisher の直接確率計算を用いて，事後における解答方法の人数差を検討した。また，大問2の設問（1）については，グラフ作成能力に関する5観点を観点別に集計し，その差を $\chi^2$ 検定で評価した。分析対象は実験群50人，統制群22人であった。

## 2−5 質問紙の内容と分析方法

　本章では，第2章（河本ら，2022）の質問紙を用いることとした（表2-1：P51）。本質問紙は，「理科と数学の教科等横断的な学習の意義」を学習者がどのように意識しているかについて調査するために，6つの下位尺度と69個の質問項目から構成されており，5件法で回答を求めた。質問紙の分析は，事前と事後における両群の6因子の平均値（標準偏差）を算出し，対応のある $t$ 検定を行った[注3]。分析対象は「2−4」（P165）と同様，実験群50人，統制群22人であった。

## 2−6 本章において期待される学習効果

　本章で組み入れる授業方略と，「関数の指導事項」【①～⑨】（図3-4：P79）および「理科と数学の教科等横断的な学習の意義」を構成する6因子（表2-2：P55）との主な対応関係を述べる[注4]。

・変数の同定に関するスキルトレーニング：【①，②，③，④，⑤】および因子2

・日常生活でのばねの利用や身の回りにあるばねの提示：【①】および因子1，3

・予想や仮説の設定および検証実験（2種類のばね）：【①，②，④，⑦】および因子1，4

・グラフ作成に関するスキルトレーニングおよび表に整理した実験結果のグラフ化：【⑧】および因子2

・グラフの分析解釈：【⑥】および因子2

・2種類のばねのグラフの傾きの意味を考える活動：【⑥，⑨】および因子
2，5，6

・理科問題と数学問題：【④，⑤，⑥，⑨】および因子2，5

　このような対応関係を踏まえると，学習効果としては，「関数的な見方・考え方」（「関数の指導事項」）の働きが促進され，2量関係の理解が深まるとともに，「理科と数学の教科等横断的な学習の意義」に対する意識も向上することが期待される。そこで，2量関係の理解の調査問題の正答率および「理科と数学の教科等横断的な学習の意義」を構成する各因子がそれぞれ事前〜事後で有意に上昇することを想定し，調査を行った。

　図6-1（P160）に示したように，両群の学習効果の差を本章の授業方略を組み入れたか否かで検討するため，それ以外の条件については，できる限り統一した。一方，実験群にのみ取り入れた授業方略は，2種類のばねのグラフの傾きの意味を考える活動および理科問題と数学問題を取り入れたことである。これらの活動を取り入れることで，「理科と数学の教科等横断的な学習の意義」を構成する6因子のうち，因子2「関数的な見方・考え方」，因子3「理数学習の有用性」，因子5「理科学習での数学の必要性」，因子6「数式化・数値化の意識」が向上すると考えられる。加えて，第5章（金井ら，2020）の知見を踏まえると，2量関係の理解促進が期待される。


## 第3節　「関数的な見方・考え方」を働かせる授業方略の効果

### 3−1　調査問題
#### 3−1−1　大問1と2を合わせた調査問題全体
　表6-2（P168）に示したように，調査問題全体の合計得点（6点満点）の平均得点（標準偏差）は，実験群の事前1.76（1.67），事後3.42（2.05），統制群の事前1.45（1.44），事後2.55（1.87）であった。繰り返しのある二元配置分散分析を行った結果，Mauchlyの球面性検定が有意ではなかったので，球面性

表 6-2　調査問題の結果

| | | 平均得点（標準偏差） | | | | 分散分析（*F*値） | | |
| --- | --- | --- | --- | --- | --- | --- | --- | --- |
| | | 実験群 | | 統制群 | | 主効果 | | 交互作用 |
| | | 事前 | 事後 | 事前 | 事後 | 群間 | 時期 | |
| 調査問題全体 | | ┌**\*\***┐ 1.76 (1.67) | 3.42 (2.05) | ┌**\*\***┐ 1.45 (1.44) | 2.55 (1.87) | 1.90 *n.s.* | 59.06 **\*\*** | 2.53 *n.s.* |
| 大問1 | 全体 | ┌**\*\***┐ 1.64 (1.55) | 2.58 (1.49) | ┌**\***┐ 1.41 (1.40) | 2.05 (1.53) | 1.16 *n.s.* | 29.56 **\*\*** | 1.10 *n.s.* |
| | (1) | ┌**\*\***┐ 0.38 (0.49) | 0.66 (0.48) | 0.23 (0.43) | 0.41 (0.50) | 3.42 *n.s.* | 17.08 **\*\*** | 0.77 *n.s.* |
| | (2) | ┌**\*\***┐ 0.38 (0.49) | 0.66 (0.48) | 0.23 (0.43) | 0.36 (0.49) └**\***┘ | 4.21 **\*** | 14.63 **\*\*** | 1.74 *n.s.* |
| | (3) | ┌**\*\***┐ 0.48 (0.50) | 0.70 (0.46) | 0.41 (0.50) | 0.59 (0.50) | 0.65 *n.s.* | 12.46 **\*\*** | 0.11 *n.s.* |
| | (4) | 0.40 (0.49) | 0.56 (0.50) | 0.55 (0.51) | 0.68 (0.48) | 1.83 *n.s.* | 3.44 *n.s.* | 0.02 *n.s.* |
| 大問2 | 全体 | ┌**\*\***┐ 0.12 (0.33) | 0.84 (0.82) | ┌**\*\***┐ 0.05 (0.21) | 0.50 (0.74) | 2.99 *n.s.* | 37.32 **\*\*** | 1.91 *n.s.* |
| | (1) | ┌**\*\***┐ 0.00 (0.00) | 0.28 (0.45) | ┌**\*\***┐ 0.00 (0.00) | 0.23 (0.43) | 0.21 *n.s.* | 19.74 **\*\*** | 0.21 *n.s.* |
| | (2) | ┌**\*\***┐ 0.12 (0.33) | 0.56 (0.50) | ┌**\***┐ 0.05 (0.21) | 0.27 (0.46) └**\***┘ | 4.72 **\*** | 29.42 **\*\*** | 2.99 *n.s.* |

注）実験群 *n* = 50，統制群 *n* = 22，*df* = (1,70)，**\*\***$p < .01$，**\***$p < .05$

の仮定を確認したところ，交互作用は有意ではなかった。そこで，主効果を確認したところ，両群ともに事前～事後で有意な上昇が認められた。なお，解法について検討した「3－1－4」（P170）を除いて，繰り返しのある二元配置分散分析を行った結果，交互作用がすべて有意でないことが示された（表6-2：P168）。そこで，冗長的表現を省くために，以下では平均得点（標準偏差）と主効果のみを述べることとする。

### 3－1－2　大問1全体

大問1全体の合計得点（4点満点）の平均得点（標準偏差）は，実験群の事前 1.64（1.55），事後 2.58（1.49），統制群の事前 1.41（1.40），事後 2.05（1.53）であり，両群ともに事前～事後で有意な上昇が認められた（表6-2：P168）。

### 3－1－3　大問1の各設問

設問（1）の平均得点（標準偏差）は，実験群の事前 0.38（0.49），事後 0.66（0.48），統制群の事前 0.23（0.43），事後 0.41（0.50）であり，実験群では事前～事後で有意な上昇が認められたが，統制群では有意な差は見られなかった（表6-2：P168）。

設問（2）の平均得点（標準偏差）は，実験群の事前 0.38（0.49），事後 0.66（0.48），統制群の事前 0.23（0.43），事後 0.36（0.49）であり，事前では群間に有意な差は見られなかったが，事後では実験群の方が統制群よりも有意に高かった。また，実験群では事前～事後で有意な上昇が認められたが，統制群では有意な差は見られなかった（表6-2）。

設問（3）の平均得点（標準偏差）は，実験群の事前 0.48（0.50），事後 0.70（0.46），統制群の事前 0.41（0.50），事後 0.59（0.50）であり，実験群では事前～事後で有意な上昇が認められたが，統制群では有意な差は見られなかった（表6-2）。

設問（4）の平均得点（標準偏差）は，実験群の事前 0.40（0.49），事後 0.56（0.50），統制群の事前 0.55（0.51），事後 0.68（0.48）であり，群間および時期ともに主効果は有意ではなかった（表6-2）。

## 3−1−4 設問（2），（3）における解法

　大問1を設問ごとに比較分析した結果，実験群では設問（1），（2），（3）の平均得点が事前〜事後で有意に上昇した。また，設問（2）の事後では実験群の方が統制群よりも平均得点が有意に高かった。設問（2），（3）については，「2−3−1」（P163）で述べたように，2種類の解答方法が考えられるため，事後の結果を解法別に表6-3に整理した。

　設問（2）について，実験群では比例関係的に考察する解法が27人（81.8%），密度の公式から導き出す解法が6人（18.2%）で有意な差が見られたが（ $p<.01$ ），統制群は前者が3人（37.5%），後者が5人（62.5%）で有意な差は見られなかった。

　設問（3）について，実験群では比例関係的に考察する解法が26人（74.3%），密度の公式から導き出す解法が9人（25.7%）で有意な差が見られたが（ $p<.01$ ），統制群は前者が6人（46.2%），後者が7人（53.8%）で有意な差は見られなかった。比例関係的に考察して解答した生徒の大半は，調査紙のグラフ上に原点から各座標を結ぶように直線を引くことで，同一直線上にある二点を同じ物質として見いだしていた。密度の公式を用いて計算処理するよりも簡潔で，視覚的に分かりやすいこの解法が，比例関係にある事物・現象のグラフを読解する際に活用できることを，本章を通して習得したものと推察される。

　以上のことから，本章の授業方略によって，実験群にはグラフから情報を

### 表6-3　大問1の設問（2），（3）における正答者の解答方法

| 設問 | 群 | 比例関係 | 公式 | $p$ 値（正確二項検定） | |
|---|---|---|---|---|---|
| (2) | 実験 | 27（81.8） | 6（18.2） | 0.0003 | ** |
| | 統制 | 3（37.5） | 5（62.5） | 0.7266 | *n.s.* |
| (3) | 実験 | 26（74.3） | 9（25.7） | 0.0060 | ** |
| | 統制 | 6（46.2） | 7（53.8） | 0.9999 | *n.s.* |

　注）実験群：$n=50$，統制群：$n=22$，単位は人（%），$**p<.01$
　　　表中の比例関係は比例関係的に考察する解法であり，公式
　　　は密度の公式から導き出す解法を示す。

読み取る際に，比例関係的に考察する考え方を育成することができたと考えられる。

### 3－1－5　大問2全体

大問2全体の合計得点（2点満点）の平均得点（標準偏差）は，実験群の事前 0.12（0.33），事後 0.84（0.82），統制群の事前 0.05（0.21），事後 0.50（0.74）であり，両群ともに事前〜事後で有意な上昇が認められた（表6-2：P168）。

### 3－1－6　大問2の各設問

設問（1）の平均得点（標準偏差）は，実験群の事前 0.00（0.00），事後 0.28（0.45），統制群の事前 0.00（0.00），事後 0.23（0.43）であり，両群ともに事前〜事後で有意な上昇が認められた（表6-2：P168）。設問（2）の平均得点（標準偏差）は，実験群の事前 0.12（0.33），事後 0.56（0.50），統制群の事前 0.05（0.21），事後 0.27（0.46）であり，事前では群間に有意な差は見られなかったが，事後では実験群の方が統制群よりも有意に高かった。また，両群ともに事前〜事後で有意な上昇が認められた（表6-2：P168）。

以上のことから，本章の授業方略のうち，グラフ作成に関するスキルトレーニングおよび表に整理した実験結果のグラフ化によって，両群ともにグラフ作成能力が向上することが明らかになった。また，比例関係を示すグラフから数式化する活動や，理科問題と数学問題を取り入れた実験群では，統制群よりも2量関係を数式化する力を育成できたと考えられる。このことは，グラフ化の全過程や直線グラフから実験式を求める方法の理解の不十分さ（北村・栗田，1983）を克服する授業方略である可能性を示唆している。さらに，グラフの数式化については，数学科との関連を重視した指導の有効性（北村・栗田，1983）を支持する結果となった。

しかし，グラフ作成能力については，両群ともに有意な上昇が認められたが，正答率は事後調査においても低い結果となった。両群ともにグラフ作成に関するスキルトレーニングを行ったにもかかわらず，正答率が低かった原因を把握するために，グラフ作成に関する5観点（①軸の項目名，②単位，③目盛

表6-4　グラフ作成能力の観点別集計

| 観点 | | | | | $\chi^2$検定（$df=4$） | |
|---|---|---|---|---|---|---|
| ① | ② | ③ | ④ | ⑤ | $\chi^2$値 | 多重比較 |
| 24<br>(33.3) | 40<br>(55.6) | 57<br>(79.2) | 40<br>(55.6) | 37<br>(51.4) | 13.97** | ①＜③ |

注）$n=72$，単位は人（％），**$p<.01$
　　観点は①軸の項目名，②単位，③目盛り，④測定値のプロット，⑤原点を
　　通る直線を示す。

り，④測定値のプロット，⑤原点を通る直線）の正答数を観点別に集計した。
なお，グラフ作成指導については両群に差異点はないことから，全生徒の事後
調査の結果を集計することとした（表6-4）。①軸の項目名の正答者数は24人
（正答率33.3%），②単位は40人（55.6%），③目盛りは57人（79.2%），④測
定値のプロットは40人（55.6%），⑤原点を通る直線は37人（51.4%）であっ
た。正答者数の差について$\chi^2$検定を行ったところ，有意な差が見られ，多重
比較の結果，観点③に比べて観点①の正答率が有意に低いことが示された。

　このことから，グラフ作成の手順を指導しても，項目名の意識が低く，定
着し難いと考えられる。これは，グラフ作成能力における横軸ラベルと縦軸ラ
ベルの正答率が他の項目に比べて低いという山田ら（2017）の知見と一致す
る。ただし，目盛りは縦軸・横軸ともに適切な大きさで数値が記述されている
割合が高いことから，独立変数・従属変数の認識は授業方略によって育成でき
ているものと推察される。山田ら（2017）は，中学生のグラフ作成能力を育
成する指導法について検討し，スキルトレーニングとしてグラフの作成方法を
教授するよりも，生徒自らに変数の同定と仮説設定を行わせる指導の効果を明
らかにしている。本章において，グラフ作成能力の育成に関する授業方略につ
いては課題が残された。

　グラフの比例直線から比例式を導出する設問（2）の正答者数は，実験群に
おいて有意な上昇が認められた。実験結果をグラフ化し，比例関係を導き出す
とともに，数学の既習内容を想起させながら比例直線を比例式にして，傾きの
意味を考える活動が効果的であったと考えられる。宮本（2020）は，中学生

を対象としたデータ解釈能力に関する調査問題から，図表データを数式化し一般化するのは，高次のデータ解釈であると述べている。さらに宮本（2020）は，表データをグラフに変換し，比例関係を見いだし，関係式を導き出した生徒はいなかったことから，データ解釈のプロセスの認識不足を指摘している。その点で，本章での理科授業は，実験結果の表データをグラフに変換し，比例直線の傾きの意味を考えるために関係式を導出するといった一連の授業方略によって，生徒が数学の学習内容との関連を見いだし，転移が促されたものと考えられる。これは，「理科学習において『数式化・数値化の意識』を高めるために，自然の事物・現象や実験結果を数学的な知識・技能を活用しながら定量的に分析・解釈し，グラフ化したり公式や規則性を導いたりする活動の必要性」を示唆した第2章（河本ら，2022）と一致する。

　フックの法則の授業において，グラフを踏まえ，ばねにつるす力の大きさを $x$ N，ばねの伸びを $y$ cm とし，グラフの比例直線を式に表すという考察場面を設定したこと，理科問題と数学問題を取り扱い，理科と数学における比例関係についての解法の共通点を示す指導を行ったことの効果が示唆された。

### 3－2　質問紙調査

　表6-5（P174）に示したように，事前と事後における両群の6因子の平均値（標準偏差）を算出し，対応のある $t$ 検定を行った。その結果，実験群では，因子2「関数的な見方・考え方」，因子3「理数学習の有用性」，因子4「理科における学習方略」，因子6「数式化・数値化の意識」の4因子において，事前～事後で有意な上昇が認められた。統制群では，因子1「問題解決への意識」，因子3「理数学習の有用性」の2因子において，事前～事後で有意な上昇が認められた。

　実験群に有意な差が見られた効果を因子ごとに考察すると，因子2「関数的な見方・考え方」については，フックの法則の授業に「関数の指導事項」（図3-4：P79）を組み入れたことにより，9つの「見方・考え方」【①～⑨】の働きが促進され，2量関係の意識と理解が高まったと考えられる。

　因子3「理数学習の有用性」については，導入段階で日常生活との関連を示

表6-5　質問紙調査の結果

| 因子 | 時期 | 実験群（$df=49$）平均値（標準偏差） | $t$値 | | 統制群（$df=21$）平均値（標準偏差） | $t$値 | |
|---|---|---|---|---|---|---|---|
| 1 | 事前 | 3.40　(0.74) | 1.81 | n.s. | 3.68　(0.62) | 2.89 | ** |
| | 事後 | 3.63　(0.70) | | | 3.92　(0.67) | | |
| 2 | 事前 | 3.67　(0.76) | 4.19 | ** | 4.31　(0.45) | 0.94 | n.s. |
| | 事後 | 4.12　(0.57) | | | 4.40　(0.54) | | |
| 3 | 事前 | 3.41　(0.95) | 3.37 | ** | 3.71　(0.66) | 2.78 | * |
| | 事後 | 3.90　(0.66) | | | 3.97　(0.56) | | |
| 4 | 事前 | 2.75　(1.09) | 2.23 | * | 3.39　(0.99) | 1.73 | n.s. |
| | 事後 | 3.16　(0.94) | | | 3.66　(0.81) | | |
| 5 | 事前 | 4.10　(0.62) | 0.71 | n.s. | 4.07　(0.64) | 1.88 | n.s. |
| | 事後 | 4.18　(0.69) | | | 4.26　(0.65) | | |
| 6 | 事前 | 2.95　(0.94) | 3.98 | ** | 3.25　(0.97) | 1.46 | n.s. |
| | 事後 | 3.51　(0.78) | | | 3.46　(0.84) | | |

注）実験群：$n=50$，統制群：$n=22$，$**p<.01$，$*p<.05$
　　因子1「問題解決への意識」，因子2「関数的な見方・考え方」，
　　因子3「理数学習の有用性」，因子4「理科における学習方略」，
　　因子5「理科学習での数学の必要性」，因子6「数式化・数値化の
　　意識」をそれぞれ示す。

すために，ばねが使われている道具を示したことに加え，実験結果をグラフ化し，比例式に表すことで，直線の傾きや比例定数が表す意味を理解した際に，どのようなばねがどんな道具に適しているかについて考えさせたことが，学習の有用性へと結び付いたと考えられる。さらに，グラフの直線の傾きや比例定数の大小関係を，伸びやすい，弱い，伸びにくい，強いといった表現と結び付けて理解させたことにより，日常生活への汎用的な考えへとつながっていった可能性が推察される。

　因子4「理科における学習方略」については，探究の過程の中にスキルトレーニングを取り入れ丁寧に基礎的事項を扱ったこと，実験結果を表，グラフ，式化する活動によって，得られたデータから法則を見いだし，さまざまな

解釈の仕方を発見する過程を経験したことが要因として考えられる。

　因子6「数式化・数値化の意識」については，グラフの直線から比例式を導き出し，比例定数（直線の傾き）の意味を実際のばねの伸びや日常生活での利用と結び付けて考える活動を取り入れたことによって意識が高まったと考えられる。

　因子5「理科学習での数学の必要性」については，実験群は数学の既習事項を活用して，グラフから比例式を導出して傾き（比の値）の意味を考えたり，数学問題を取り入れて理科と数学の解法の共通性について示したりしたが，統制群と同様に有意な上昇は見られなかった。安藤・小原（2010）は，理科と数学の学習に関する中学生の意識の1つに「図形や関数の必要性」があることを明らかにしている。つまり，2量関係を取り扱う内容のみならず，理科授業のさまざまな内容や場面において，数学の知識を用いた教科等横断的な学習活動を取り入れ，教科間の関連性を生徒に意識させる指導の必要性が示唆される。

　その一方で，統制群で有意な差が見られた因子について考察すると，因子1「問題解決への意識」では，事象の提示から予想や実験，結果から考察へと丁寧に学習活動を進めていったことが要因として挙げられる。しかし，この探究の過程は実験群でも取り入れている。群間で授業方略に大きな違いがあるとすると第3時である（図6-1：P160）。フックの法則を導いた後に，他のばねでもフックの法則が成立するのか，さまざまな種類のばねや質量の異なるおもりを班で選び，検証実験したことが要因として考えられる。この授業方略は，準備された教材・教具の中から興味をもった道具で自由に実験を行い，その現象の法則性を確認するといった自由試行 (注5) の場面であると捉えると，これによって興味を喚起したり追究意欲を向上させたりすることができたという先行研究（例えば，杉本・山下，1998；佐藤・雲財・稲田・角屋，2018 など）と一致する。このことから，第3時における自由度のあるフックの法則の確認場面が，生徒の探究意欲を高め，問題解決への意識を促進したと考えられる。

　因子3「理数学習の有用性」については，実験群同様，導入段階で日常生活との関連を示すために，ばねが使われている道具を示し，実験結果をグラフ化し，比例関係を導いた際に，それぞれの道具でどんな時に比例関係が成り立っ

ているのか考えさせたことで，学習の有用性へと結び付いたと推察される。

　以上，実験群では，因子2「関数的な見方・考え方」，因子3「理数学習の有用性」，因子4「理科における学習方略」，因子6「数式化・数値化の意識」の4因子に有意な上昇が認められたことから，本章での授業方略は，「理科と数学の教科等横断的な学習の意義」に対する意識の向上に一定の効果があることが示唆された。


## お わ り に


　本章の目的は，中学校第1学年のフックの法則において，「関数的な見方・考え方」を働かせ，かつ「理科と数学の教科等横断的な学習の意義」を構成する因子を高める授業方略の効果を明らかにすることであった。この目的を達成するために，中学校第1学年の生徒を対象としたフックの法則の授業を行い，2量関係の理解の程度を測定する調査問題と，「理科と数学の教科等横断的な学習の意義」に関する質問紙調査を行った。その結果，比例関係にある事物・現象のグラフから比例関係的に考察する考え方と，比例関係を示すグラフの直線から式化する力の育成に効果があることが明らかになった。また，実験群の事前〜事後で，4因子（因子2「関数的な見方・考え方」，因子3「理数学習の有用性」，因子4「理科における学習方略」，因子6「数式化・数値化の意識」）に有意な上昇が認められ，「理科と数学の教科等横断的な学習の意義」に対する意識の向上に一定の効果があることが示唆された。本章の授業方略は，2量関係を理解させ，「理科と数学の教科等横断的な学習の意義」を認識させる上で，一定の効果があることが明らかになった。

## 注釈

1)　義務教育学校では中学校第1学年を7年生と呼んでいる。本章の調査対象は7年1組27人，2組26名，3組27人であった。

2)　第1章（山田ら，2020）では，①質的・量的な関係，②時間的・空間的な関係，③原因と結果，④定性と定量，⑤比較，関係付けの5つを「関数的な見方・考え方」（表1-2：P15）として整理している。

3)　第2章（河本ら，2022）より，因子1「問題解決への意識」は，質問項目28，29，32，34，35，37，38，41，43，44，因子2「関数的な見方・考え方」は，項目1，6，9，10，12，14，15，16，17，18，因子3「理数学習の有用性」は，項目21，24，25，27，30，33，36，42，因子4「理科における学習方略」は，項目62，63，65，66，67，68，因子5「理科学習での数学の必要性」は，項目49，50，52，53，55，因子6「数式化・数値化の意識」は，項目19，20，22，23として，それぞれ平均値と標準偏差を算出した。

4)　「関数の指導事項」（図3-4：P79）および「理科と数学の教科等横断的な学習の意義」（表2-2：P55）を各授業方略に対応させるように記載したが，1つの授業方略でも複数の見方・考え方が用いられることや，6因子が相関関係にあることから，記載したものに限定するものではないと考え，「主な」と表記した。

5)　ここで言う自由試行とは，田中（1978）がホーキンスの「Messing About」の考えや方法を，日本の教育事情に即して修正して取り入れた学習を意味し，導入・展開・まとめのすべての授業段階に適用できるものとしている。

## 参考文献

1)　金井太一・小川佳宏・山田貴之（2022）「『関数的な見方・考え方』を働かせた理科授業が内包量概念の理解に及ぼす効果 ― 中学校第2学年のオームの法則において ―」『上越教育大学研究紀要』第42巻，225-244。

2)　河本康介・山田健人・小林辰至・山田貴之（2022）「理数学習の有用性に影響を及ぼす諸要因の因果モデル ― 初等教育教員養成課程学生を対象とした質問紙調査に基づいて ―」『理科教育学研究』第62巻，第3号，585-598。

3)　山田貴之・稲田佳彦・岡崎正和・小林辰至（2020）「『関数的な見方・考え方』を働かせた理科授業の改善に関する一考察 ― 数学と理科の教科等横断的な視点から ―」『上越教育大学研究紀要』第39巻，第2号，555-575。

4)　山田貴之・稲田佳彦・岡崎正和・栗原淳一・小林辰至（2021）「数学との教科等横断的な学習を促す理科授業の試み ― 関数概念を有する密度の学習に焦点を当てて ―」『理科教育学研究』第62巻，第2号，559-576。

**引用文献**

1) 安藤秀俊（2015）「理科と数学の関連性」『日本科学教育学会年会論文集』第 39 巻，45-46。

2) 安藤秀俊・小原美枝（2010）「数学と理科の関わりについての意識調査」『科学教育研究』第 34 巻，第 2 号，207-219。

3) 藤垣和之・松本伸示（1993）「イメージ分析を通した電流回路における中学生の素朴概念の研究：特に，電流・電圧・抵抗を中心にして」『日本理科教育学会全国大会要項』第 43 回，62。

4) 福田恒康・遠西昭寿（2021）「『オームの法則』の指導を再考する」『理科教育学研究』第 62 巻，第 1 号，331-338。

5) 福山豊（2000）「オームの法則の指導について（How to teach）」『物理教育』第 48 巻，第 6 号，538-540。

6) 原田知幸・鈴木宏昭（2017）「中学生の『探究について』の認知状況 ― 質問紙調査の結果を基に ―」『日本科学教育学会研究会研究報告 』第 32 巻，第 3 号，57-60。

7) 石橋研一・浦野弘・真崎敦史（2015）「フックの法則の指導に関する実験装置の工夫と授業実践」『秋田大学教育文化学部教育実践研究紀要』第 37 巻，69-80。

8) 石井俊行（2015）「中学理科の圧力の理解を深めさせる指導に関する一考察 ― 数学の反比例の学習を活かして ―」『科学教育研究』第 39 巻，第 1 号，42-51。

9) 石井俊行・橋本美彦（2013）「教科間における学習の転移を促す条件に関する考察とその提言 ― 理科『光の反射』と数学『最短距離』の作図を通して ―」『科学教育研究』第 37 巻，第 4 号，283-294。

10) 石井俊行・箕輪明寛・橋本美彦（1996）「数学と理科との関連を図った指導に関する研究 ― 文脈依存性を克服した指導への提言 ―」『科学教育研究』第 20 巻，第 4 号，213-220。

11) 橋本美彦（2020）「算数科と理科学習における『気づき』と『関連づけ』に関する一考察（3）― 小学 5 年算数科『単位量あたりの大きさ』と中学 1 年理科『密度』の学習に着目して ―」『日本科学教育学会年会論文集』第 44 巻，99-102。

12) 金子健治・小林辰至（2011）「The Four Question Strategy（4QS）に基づいた仮説設定の指導がグラフ作成能力の習得に与える効果に関する研究 ― 中学校物理領域『力の大きさとばねの伸び』を例として ―」『理科教育学研究』第 51 巻，第 3 号，75-83。

13) 北村太一郎・栗田一良（1983）「中学生・高校生のグラフ化に関する（その 1）― 正比例のグラフについて ―」『日本理科教育学会研究紀要』第 24 巻，第 2 号，55-62。

14) 高阪将人（2015）「理科と数学を関連付けるカリキュラム開発のための理論的枠組みの構築 ― 関連付ける方法とその意義に焦点を当てて ―」『全国数学教育学会誌数学教育学研究』第 21 巻，第 2 号，103-112。

15) 宮本直樹（2014）「中学校理科教科書におけるデータ解釈の特質」『教育実践学研究』第

18 巻，45-57。

16）　宮本直樹（2020）「中学校理科におけるデータ解釈能力の現状と課題 — 論述式問題を導入して —」『理科教育学研究』第 61 巻，第 2 号，329-348。

17）　文部科学省（2018a）「中学校学習指導要領（平成 29 年告示）解説理科編」学校図書。

18）　文部科学省（2018b）「中学校学習指導要領（平成 29 年告示）解説数学編」日本文教出版。

19）　Morimoto, K., Ishikawa, R., & Fukuda, T.（2008）「The Ability to Interpret and Construct Scientific Graphs by Secondary School Science Students」『理科教育学研究』第 49 巻，第 1 号，113-121.

20）　佐藤琢朗・雲財寛・稲田結美・角屋重樹（2018）「深い興味を喚起させる小学校理科学習指導に関する研究 — 自由試行を学習活動の起点として —」『日本体育大学大学院教育学研究科紀要』第 1 巻，第 1，2 合併号，123-130。

21）　杉本良一・山下雅文（1998）「現代理科教育学からとらえた自由試行と中学校理科における実践」『鳥取大学教育学部教育実践研究指導センター研究年報』第 7 号，1-6。

22）　田中正寿（1978）「子どもの自由試行による理科指導」『現代理科教育体系』東洋館出版社，第 4 巻，第 6 章，110-114。

23）　内海志典（2015）「中学校理科の教科書における日常生活や社会との関連の取り扱いに関する研究 — 中学校 3 年の物理的領域を事例として —」『理科教育学研究』第 56 巻，第 3 号，299-307。

24）　山田貴之・古川俊輔・小林辰至（2017）「生徒自らに変数の同定と仮説設定を行わせる指導がグラフ作成能力と読解能力の育成に与える効果 —『力の大きさとばねの伸びの関係』を事例として —」『上越教育大学研究紀要』第 37 巻，第 1 号，193-204。

25）　安原誠・金児正史（2018）「理科と数学科のつながりを意識した学習指導事例の分析とそれぞれを総合する必要性の考察」『鳴門教育大学授業実践研究』第 17 巻，165-173。

## 付記

　本章は『理科教育学研究』第 63 巻，第 2 号（2022）に掲載された「『関数的な見方・考え方』を働かせる授業方略が 2 量関係の理解及び『理科と数学の教科等横断的な学習の意義』に対する意識に及ぼす影響 — 中学校第 1 学年理科『フックの法則』において —」を書き直したものである。

# あ と が き

　研究の遂行ならびに本書をまとめるに当たり，多くの方々から温かく多大なご指導，ご助言を賜りました。

　小林辰至先生（上越教育大学大学院名誉教授），稲田佳彦先生（岡山大学大学院教授），岡崎正和（岡山大学大学院教授），栗原淳一先生（群馬大学教授）には，研究の意義や目的，調査方法やデータ分析・解釈などについて多くのご示唆をいただきました。貴重なご指導・ご意見をいただき，深く感謝申し上げます。また，本書の刊行に当たっては，大学教育出版の佐藤守様のご支援がなければ，本書の刊行は実現しなかったと思います。厚く御礼申し上げます。

　最近，中学校で教師をしていた頃の理科の授業風景をよく思い出すようになりました。例えば，「酸化銅の還元」（第2学年「化学変化と原子・分子」）における導入場面で，酸化銅と炭素の混合物を試験管に入れて加熱する事象を生徒に提示した後，「酸化銅と炭素の混合物を加熱すると，どんな化学変化が起きたのだろうか？」と発問したところ，多くの生徒から「酸化銅が黒色から茶色に変化した」や「気体が発生した」などの意見が出ました。その中で，原子や分子の結び付きに着目し，この化学変化をモデルを使って表現しようとする生徒がいました。私は，授業の導入場面において，原子や分子のモデルを用いた考えを取り上げることは，他の生徒の思考を混乱させる可能性があると判断するとともに，このような科学的な見方・考え方を育むことを本授業の目標に掲げていたため，あまり丁寧な価値付けをしなかったことを今でも鮮明に覚えています。

　中学校学習指導要領（平成29年告示）（文部科学省，2018）では，理科における「見方・考え方」を資質・能力を育成する過程で児童生徒に働かせる「物事を捉える視点や考え方」として整理され，これまではゴールとして位置付けられていたものが，探究の過程や学習の内容に応じて，児童生徒が自在に使いこなせられるように指導することが求められています。本書では，理科

ワーキンググループが「理科の見方・考え方」として例示した,「質的・量的な関係」「時間的・空間的な関係」「原因と結果」「部分と全体」「多様性,共通性」「定性と定量」「比較,関係付け」の7つをそれぞれ上位とし,その下位により細かい視点や考え方を設定しています。下位に示した「見方・考え方」は,探究の過程や学習内容に応じて,児童生徒が自在に使い分けて働かせられるように設定していることから,授業改善の鍵として,より一層機能することが期待されます。

　今後,本書が日々の授業実践に活かされ,我が国の理科教育の発展に少しでも貢献できればと願ってやみません。


2023 年 6 月

山田　貴之

## 【編著者紹介】

山田　貴之　（やまだ　たかゆき）

1973 年　岐阜県生まれ
　　　　　兵庫教育大学大学院修了　博士（学校教育学）
現　　在　上越教育大学大学院准教授
　　　　　兵庫教育大学大学院博士課程准教授（兼職）

　平成 8 年 4 月から平成 30 年 3 月まで岐阜県の公立小学校に 9 年間，中学校に 13 年間勤務した。その間，国立教育政策研究所で「学力の把握に関する研究指定校事業」に係る企画委員や，「評価規準，評価方法等の工夫改善に関する調査研究」協力者会議委員などを務めた。平成 28 年 3 月に「学校教育学」の博士の学位を取得し，平成 30 年 4 月に上越教育大学大学院に着任した。理科コースの准教授として，主に理科教育や科学教育に関する研究と，学生の論文指導に当たっている。また，日本理科教育学会の広報委員，学校図書の小中学校理科教科書の著作編集委員を務めている。

　主な著書として，「平成 29 年改訂　中学校教育課程実践講座　理科」（共著，ぎょうせい，2017 年），「（日本理科教育学会創立 70 周年記念出版）理論と実践をつなぐ理科教育学研究の展開」（共著，東洋館出版社，2022 年）などがある。また，主な論文として，「小学生の理科における仮説設定能力に影響を及ぼす諸要因の因果モデル ─ 第 6 学年の児童を対象とした質問紙調査の結果に基づいて ─」「小学校高学年児童の日常生活での因果関係のある事象に関与する経験及び意識の傾向」「中学校理科授業における生徒の主体的な学びを構成する諸要因の因果モデル」などがある。

## 【執筆者紹介】

金井　太一　（かない　たいち）　　　長岡市立東中学校教諭　修士（教育学）

河本　康介　（かわもと　こうすけ）　三条市立一ノ木戸小学校教諭　修士（教育学）

小川　佳宏　（おがわ　よしひろ）　　上越教育大学大学院教授　博士（理学）

「関数的な見方・考え方」を働かせた理科授業

2023 年 10 月 25 日　初版第 1 刷発行

■編 著 者———山田貴之
■発 行 者———佐藤　守
■発 行 所———株式会社 大学教育出版
　　　　　　　〒 700-0953　岡山市南区西市 855-4
　　　　　　　電話（086）244-1268　FAX（086）246-0294
■印刷製本———モリモト印刷 ㈱

© Takayuki Yamada 2023, Printed in Japan
検印省略　　　落丁・乱丁本はお取り替えいたします。

ISBN978 − 4 − 86692 − 273 − 7